恐怖実話
怪の遺恨

吉田悠軌

竹書房
怪談
文庫

目次

「自宅」

携帯電話の着信音が鳴った。

「おいおい誰だよ」

深夜である。こんな時間に自分にかかってくる電話といえば、十中八九、バンド仲間からの飲み会の誘いに決まっている。

しかし皆には、あれほど釘をさしておいたのに。

まとまった金が必要なので、俺はこれからしばらく、早朝からの工事バイトに励む。だから週末以外、俺を飲みに誘うんじゃないぞ——と。

それをすっかり忘れているのだろう。まったくだらしがない奴がいたものだ。いったい誰がかけてきたのか……。

手に取った携帯電話の画面には、「自宅」と表示されていた。

とっさに家の固定電話へ目を向ける。

受話器は置かれたままだ。一人暮らしのアパートで、自分以外に触るものなどいるはずがない。

「自宅」からの着信音は、ずっと鳴り続けた。

数コールのうちに出なければ、不在着信に切り替わるはずなのに。

台所の隅《すみ》が、いつもよりずっと暗い。

その小さいけれど深い暗闇に、「誰か」がいる気配がする。

しかし、それを確かめることなど、恐ろしくてできない。どころか、少しでも動いたら、暗闇から「誰か」が飛び出てきそうで、その場にかたまったまま動けない。

ずっと鳴り続けていた「自宅」からの着信音は、窓から朝日が射してきたあたりで、ようやく止んだ。

スケートボードを両手で振りかざして武器代わりとし、おそるおそる台所を確認してみたが、なんの異変も見当たらなかった。

そんなことが起きたのは、それ一回きりだった。

ブックエンド

もう三十年ほど前。陶芸家のミヤマさんが、まだ多摩美術大学の学生だった時の話。美術を志すだけあって、ミヤマさんは小さいころから勘が鋭い方だった。また自分の第六感について信頼を置き、その勘に従うように心がけていた。

「なあ、そろそろ家に来て飲まないか?」

だからその日、学校の先輩がミヤマさんを誘ってきた時も、曖昧《あいまい》に笑ってごまかそうとしたのだった。

実は、その先輩からはこれまで何度か自宅に誘われていた。しかしいずれの時も、やはり曖昧に笑って断り続けていたのである。

いや、彼が嫌いなわけではない。むしろ、先輩の中ではいちばん仲の良い人だ。それに二人とも貧乏美大生なのだから、居酒屋に行くより、男同士で家飲みする方が安上りのはずだ。

しかし、先輩の家に行くのは、どうも気が進まない。

先輩が住んでいるのは、多摩美近くの川沿いにあるアパートらしい。その外観を見たこともない。だから嫌がる理由はなにもない。

理由などないのだが、自分の勘が嫌だと告げているのだ。だから毎回、曖昧な笑顔で理由をこねくりまわし、断っていたのだ。

しかしそろそろ、自分の度重なる拒否を、相手も気にしだしたようだ。この前は作品制作の手伝いで先輩の手をわずらわせてしまったし、今後ともしっかり付き合うべき関係なのは間違いない。

……まあ、いいか。

腹をくくったミヤマさんは、先輩との家飲みを了承した。

アパートに着いて、部屋にて二人で酒を酌み交わす。特に変事が起こるでもなく、楽しい時間が過ぎていった。珍しく自分の勘が外れたかと思った、その時。

うなじと耳のあいだの頭皮に、嫌な視線を感じた。

そちらに顔を向けてみると。

視線の先には、本棚があった。読書家の先輩ならではの、そうとう大きなラックだった。並べられた本も大量ではあるが、まだ棚を埋めつくすまではいっておらず、多少の余裕がある。

また、小説や雑誌、美術関係の書籍では大きさが違うし、美術書だけでも判型がバラバラなので、どうしてもうまく収納できない。

だから棚の隙間は一ヶ所だけでなく、あちこちに点在している。

そうした隙間の一つに、女の顔があった。

本当に「女の顔」そのものだけが置かれているようだ。

無表情、だと思う。視線の先は、こちらに向けられているようだ。ロングヘアのようだが、額から後ろに髪を下ろしているため、よくわからない。

なにしろ視界の脇でとらえているので、うまく焦点が合わないのだ。

ただ、そこはミヤマさんも美大生である。ぱっと目に入った瞬間は、出来の良い作り物かと思った。

彫刻か紙粘土か、張りぼてにうまく肌の質感をのせているのか……。

しかし、よく見ようと顔を向けたとたん、その顔がパッと消え失せてしまったのである。

となると次に考えるのは、酒による幻覚だろうか、ということだ。アルコールには強い方だし、大して飲んでないのに、どういうことだろうと訝《いぶか》しんでいた矢先。

今度は別の本と本の隙間に、女の顔が現れた。

――うっ

漏れる声を押し殺した。

女は、先ほどと顔の角度を変え、またミヤマさんの方に、じいっと刺すような視線を投げている。

落ち着くために座りなおした。そっちがその気なら、こっちも睨み返してやろうとしたのだが。

とたん、女の顔が消え、また別の本と本の隙間に瞬間移動した。

そちらを凝視すれば、また消える。入れ替わりに別の隙間に出る。それを見つめるとまた――。

もぐら叩きのような追跡が、何度も何度も繰り返された。

酔っぱらった先輩は、特に気にせず独り言のようなおしゃべりを続けている。

それに生返事で答えながら、女の顔を目で追った。しかしどうしても、視線が合わない。相手はずっと自分を見つめているのに、それに対抗できない。女から、どういう表情で見られているのか、はっきりとわからない。

先輩にはなにも見えていないようだ。家主を怖がらせてはいけないし、「よく見えないものが見える」と主張するわけにもいかない。

ミヤマさんは途中で、視線の追跡をあきらめた。しかし後頭部への視線はずっと感じるし、本棚が視界に入れば、あいかわらず横目にぼんやり女の顔が映る。

ほとんど飲んでいないにもかかわらず、酒が胃をせりあがってくるような吐き気を催してきた。

もはや先輩との会話もままならなかったため、その日は早々に退散してしまった。

とにかく、なにが不気味だったかというと——。

先輩の本棚にある幾つもの隙間は、各所で異なっていた。一冊分しかあいていなかったり、何冊分もの隙間が広がっていたりと、まちまちだった。

女の顔は、それらの隙間にいつもぴったり収まるように、横幅が変わっていたのだ。

一冊分の時はいやに細長い顔、隙間が大きいと横に広がった顔……というように。

その変化と、どうしても不分明な女の表情とが重なり、吐き気をおぼえるような気味悪さを感じたのだという。


それ以来、ミヤマさんは一人だけで先輩のアパートに行かないようこころがけた。

それでも大事な先輩なので、毎回断ることもできない。誘われた時は別の友人にも声をかけ、数名で訪問するようにしていたという。

ただし何度訪れても必ず、本棚の隙間の女は、自分をじっと見つめてくるのだった。

花嫁人形

携帯電話の着信音が鳴った。

「もう誰よ……こんな朝っぱらから」

チエさんは夫を会社に送り出したばかりだった。これから洗濯機を回しつつ、朝食を片づけ、掃除にとりかかる、最も忙しい時間帯なのだ。

画面を見ると、意外な名前が表示されていた。年下の女友達、「シヅコ」である。

あら珍しい。向こうからなんの用事かしら。そう思いながら通話ボタンを押したとたん。

「チエさん聞いて！　誰も信じてくれないの！」

悲鳴のような声が耳をつんざいた。

驚きのあまりしどろもどろな返答をしているあいだ、電話口の向こうからは嗚咽《おえつ》ばかりが漏れ聞こえる。なんとか宥《なだ》めて事情を問いただすと、シヅコはようやく次のような言葉を発した。

「私の寝室で、女の生首《なまくび》が笑いながら、空中をぐるぐる回っているんです！」

それだけ言って、また泣き出してしまう。どういうことかと質問しても、同じ言葉を繰り返すばかり。

とにかく今まさに、夫婦の寝室で、首だけの女がベッドの上に浮かび上がり、けたたましく笑いながら、回転し続けているのだという。

その回転の仕方とは、観覧車のような円を描く運動ではなく、ホバリングしたまま前を向いたり後ろを向いたりしているらしい。映画『エクソシスト』のリーガンというか、ナポレオンズのパルト小石の頭部回転マジックを思い浮かべるとよいだろうか。

しかし彼女の夫も、自分の両親も、どんなに電話で必死に訴えても、そのことを信じてくれないのだという。

「私、前からずっと相談してたのに！」

「ちょっと落ち着いて。生首は前から出てたの？」

「ううん。生首は今日初めて。でもその前兆はずっと前からあったんですよ！」

シヅコはこれまで、ずっとあることが気になっていた。

それはこの前の結婚記念日に、親戚の叔母さんが贈ってくれたプレゼント。ガラスケースに入った、花嫁人形のことである。

その人形が贈られ、寝室に飾るようになってから、奇妙な気配がするようになった。なにか見知らぬものが部屋にいる。しかし直視しようとすれば、さっと逃げてしまい、その姿を隠してしまう。

またガラスケースの中には、人形が乾燥しないよう、水を入れたコップを置いている。しかしそのコップが、いつも一晩で空っぽになってしまうのだという。その度に水を入れ直しているにもかかわらず、毎日、きれいさっぱり消えてしまうのだ、と。

そんな現象がずっと続いていた。夫や両親には相談していたのだが、気のせいだと軽くあしらわれるばかり。

「それで今朝、ついに出たんですよ。生首、女の生首」

「なんなのよ、それ。花嫁人形となにか関係あるの?」

「わかりません! でも、とにかく大変なんです!」

大きく息を吸うような音が聞こえた。そしてシヅコは、またあのセリフを繰り返した。

「私、見てるのに! 誰も信じてくれないの!」

そこで、チエさんの記憶は途絶えている。

いきなり気を失った……などということではない。

その後もしばらく電話を続け、シヅコと幾つかのやり取りをしたはずだ。そしてなにかが起こり、あるいはなにかを知って、この出来事に一区切りがついたはずだ。

そのことだけは、なんとなく憶えている。

しかし不思議なことに、その最も重要な部分が、すっぽり脳内から抜け落ちているそうなのだ。

「すいません、はっきりした、なにかのオチがあったんです。でもそこだけが思い出せないんです……。だからこの話は、吉田さんにしゃべらないつもりだったんですが……」

他の怪談を取材中、チエさんがなにやら体験談を隠している様子だったので、私が頼み込んで語ってもらったのである。

その出来事の後、シヅコとは「縁を切ってしまった」ので、もはや連絡をつけられない状況なのだという。

なぜチエさんとシヅコが絶縁してしまったのか。初対面の取材だったため、さすがに私も、その事情まで問いただすことはできなかった。

山頂に行った友人

長崎県のG山は、それほど高い山ではない。

標高二百メートル足らずの、山頂が展望台になっているような観光地だ。アクセスが良い割に、夜には人がいなくなるという立地から、心霊スポットとしても扱われている。

展望台近くのトイレで、女性が乱暴されて殺されたので、その幽霊が出る……とかなんとか。日本全国、どこにでもあるような噂だ。

マサシさんはその夜、高校時代の友人Kと二人、肝試しがてらG山へと遊びに出かけていた。二人ともに二十一歳。マサシさんが一浪しての大学二年、Kがいまだ浪人生でセンター試験に挑戦していた頃だ。

先ほど述べたとおり、山といっても観光地なので、頂上付近まで原付バイクで登ることができる。

どんよりとした、真夏の熱帯夜だった。

ているという。


マサシさんは、半袖で原付を運転しながら、「もっと風がほしいな」と感じたのを憶えているという。

しかし頂上付近に到着し、バイクを降りたところで、ものすごい風が吹いてきた。このあたりでは季節外れの、おかしな気候だった。

正面を向けないほどの風圧である。二人でうつむきながら、なんとか前に歩きだし、さて山頂の方を目指そうと、ようやく顔を上げたところで。

マサシさんの背中に、強烈な悪寒が走った。そして足がまったく動かなくなってしまった。

霊感なんていっさいゼロだと思っている。そもそもG山への肝試しなんて、これまで何度も行っている。しかし。

――今行ったらダメだ
第六感が告げている。このような危機感を感じたのは、生まれて初めてだった。

「……悪い、オレ、無理だ」

マサシさんがそう告げると、Kは笑った。

「なんだヘタレかよ。それでも空手やってんのか。せっかく来たのによう」

口の達者なKが、さんざんにこきおろしてくる。細長い顔の、やはり細長いキツネ目でにやりと見つめてくる。

それでもマサシさんは、行くのを拒むしかなかった。とにかく足が一歩も前に進まないから、もうどうしようもないのだ。

「じゃあ、いいよっ。オレが一人で行ってくるからさ」

Kは意気揚々と山頂に歩いていった。その背中が、夜の暗闇に溶けて見えなくなる。あいかわらず、強い風がびょうびょうと吹き続けていた。

十五分ほど待っただろうか。

暗闇の向こうから、Kが帰ってきた。またヘタレだと罵《のの》しられるかと思いきや、まったくの無言である。その歩き方も、どこかぎこちない。

だらんと頭をうつむけていたが、下にいる自分の角度から、ちょうどその顔がよく見て取れた。

まったくの無表情だった。ふざけた笑顔どころか、恐怖や驚きなどの感情すらも読み取れない。本当に、なんの気持ちも表していない顔つきだったのである。

「なにふざけてんだよ」「脅かそうとしてるのか」「おい、どうしたんだよ」

マサシさんがいくら話しかけても、なんら反応がない。いっさいの言葉を発さないまま、Kは原付バイクにまたがった。

「おい待てよ、帰るのかよ」

Kが無言でエンジンをかける。マサシさんも慌てて自分のバイクに乗り込む。

二人はそのままG山を下り、しばらく走った後、いつもの分岐点で別れた。最後までKは一言もしゃべらなかった。

そしてそのまま、Kは行方不明になった。

両親もマサシさんも、誰一人として彼の消息をつかめないまま、十年が過ぎた。

二十一世紀に入った頃、マサシさんに警察から連絡が入った。

Kが人を殺して逮捕されたので、裁判のための捜査に協力してほしい、とのことだった。


「ちょっと待ってください。それ、どういうことですか」

私は思わず、マサシさんに問いかけた。まったく予想を超えた展開に、とにかくいったん、取材を中断せざるをえなかった。

「某県の山でホームレスとなり、同じホームレスを殺害して、新聞やインターネットに名前が載りました」

マサシさんは、そんな素っ気ない返答を告げてきた。とはいえ、それだけでは情報が足りなさすぎる。

私はまず、それまでの取材でマサシさんが「友人」としか呼んでいなかった、Kの氏名を尋ねた。それを検索ワードとして、インターネットで殺人事件の内容について調べるためだ。

聞き出したKの本名は、某野球選手と同姓同名だったので、多少はネット検索に苦労した。とはいえすぐに、2ちゃんねる掲示板などに、事件についての記事が転載されているのを発見した。

関西にある某県山林にて、史跡調査中の市職員が、埋められた白骨死体を発見した。頭蓋骨が傷んでいたところから事件性が疑われ、現場付近でテント生活をしているホームレスに捜査の手がおよんだ。

それは、三十歳になったKだった。

Kの証言によれば、この場所で野宿し始めた時からすでに白骨化した死体があった、気味が悪いので移動させた、頭蓋骨の傷はスコップでたたいたため……だという。

とにかくKは、死体遺棄の容疑で逮捕されたようだ。

ネット記事はそこで終わっている。続報については、地元新聞では報道されたのだろうが、もはやネット検索ではなにもひっかからなかった。

「つまり、ネットに残っている記事は死体遺棄までしか出てきませんが、実際には殺人事件だったということですね」

「そうです。同じホームレスの人を殺害しました。首を絞めて殺した後、腐って白骨化するまで待ち、骨だけ隠蔽《いんぺい》のために砕いていたところを、市職員に発見されたそうです」

後日、朝日新聞・読売新聞のアーカイブを参照したところ、おおよそ事件の概要はその通りだった。

しかしマサシさんは、新聞にも載っていない細かい状況を知っていた。なぜかといえば、警察に聞いたからだ。

関西の県警刑事がわざわざ長崎までやってきて、Kの高校時代の性格や行動を教えてもらえないか、と依頼してきたのである。

指定された待ち合わせ場所はミスタードーナツだった。刑事の口ぶりでは、どうやらKが殺人へいたる素因となった、少年期からの暴力性を探りたいようだった。彼がいかに乱暴な人物だったのか、しつこく探りを入れられた。

しかし二人が通っていたのは長崎でも有名な進学校だったし、一七二センチのやせ型、おしゃべりで笑いをとるのが上手なKに、凶暴なエピソードがあるはずもない。

「強いて言うなら、たまに当時のマンガの必殺技をお互いかけあったりしてたかなあ。『高校鉄拳伝タフ』でチョウショウさんが使う毒蛭《どくびる》って関節技で……」

半分、皮肉のつもりでそう答えると。

「当時から殺人などを犯す傾向があったということですね。裁判所に提出します」

刑事は熱心にメモをとり、帰っていった。

すっかり勘違いしていた。警察はKを守るためではなく、罪をわかりやすくするためにきたのだ、と思った。そのお礼にもらったのは、平べったい餅にアンコが入った、どこかの地方駅で買ったような菓子だった。

しかし、誰にもわからないのだ。

Kがなぜ関西の山でホームレス生活をしていたのか。なぜ殺人を犯すような人間になってしまったのか。それは誰にもわからない。

G山を無言で下りたKは、やはり親にも一言すら告げず、そのまま家出してしまった。そしてホームレスとなって山に棲みつき、そこで殺人を犯した。

あの時、G山の山頂で、Kはなにか恐ろしいものを見てしまったのか。なにかおぞましいことを知ってしまったのか。びょうびょうと強く吹く風にあてられて、なにかが決定的に変化してしまったのか。

あの時、まったくの無表情で、ひたすら無言だったKからは、なんの手がかりも得られない。

なぜそうなってしまったのか。それは誰にもわからないのである。警察にも裁判所にも、マサシさんにも、Kの両親にも。

そしてK自身にも、だ。

裁判によって、Kの懲役刑が確定した。しばらくして、刑務所に服役したKから、マサシさん宛ての手紙が届いた。

〝ごめんなさいごめんなさいごめんなさいごめんなさいごめんなさいごめんなさいごめんなさいごめんなさいごめんなさいごめんなさい〟

ごめんなさいと十回記された冒頭から始まり、高校や浪人時代、二人で原付バイクに乗って色々な場所を巡った思い出が続いていた。

ただそれは、小学生の書くような稚拙《ちせつ》な文章だった。

漢字はほとんど使われておらず、たまに小学一年生程度の漢字があるかと思えば、わざわざ全てに振り仮名がふられていた。

〝いっしょうけんめい、ひらがなをしらべてかいたから、きみもよみやすいでしょう。〟

との文章とともに。

そうして綴《つづ》られた思い出の最後は、二人が別れたG山についてだった。

もはや手紙を捨ててしまったので、マサシさんも細かい文面を記憶してはいない。しかしおおむね次のような言葉を、Kは記していたという。

〝山《やま》にのぼったきおくはあるけど、あとはおぼえてなく、このようになってしまった。ごめんなさい。〟

その後はひたすら、自分の刑期が長すぎることへの不満が、なぜかそこだけ大人びたまともな文体で、長々と綴られていたそうだ。

カセットテープ

もう四十年以上前の話になる。

ソノコは深夜ラジオ好きの女子中学生だった。特に『パックインミュージック』が好きで、布団の中で聴き、番組終了後にそのまま眠りにつく……というのが、いつもの習慣だったという。

ただ、その夜だけはいつもと勝手が違っていた。

どうしようもなく、眠かったのだ。昼間に激しい運動もしていないし、体調に変化があるわけでもないのだが、それでも眠くて眠くて仕方ない。

それでも『パックインミュージック』だけは聴き逃したくない。そこでなんとかラジカセにカセットテープを入れて、録音状態にしたのを確認し、眠りについたのだという。

翌朝、ラジカセの中を見てみると、テープは最後まで回っていた。とりあえず片面分の時間は録音できたようだ。

さて、学校から帰った後、ソノコは楽しみにしていたテープを再生してみたのだが。

なんの音も入っていない。ただノイズのみがサーッと流れるのみ。

――嘘でしょ！　絶対に録音されてるかチェックしたんだから！

焦ったソノコは、いったん早送りのスイッチを押した。四十代以上の人ならわかるだろうが、カセットテープを早送りしていくと、音が録れている箇所だけ「キュルキュル」と鳴る。それを利用して、どこか録音できている部分はないかと探してみたのだ。

……キュルキュルキュルキュルキュル……

半分ほど進んだところで、例の音が聞こえてきた。

「おっと」と早送りから指を離し、巻き戻して、再生。

数秒のノイズの後、それが聞こえてきた。

女の泣き声だ。さめざめとした静かな声ではなく、苦悶にゆがんだ、悲痛な叫び。そしてすぐに、赤ん坊の火のついたような泣き声も続く。さらに男の怒号、性別すらわからない大勢の悲鳴が折り重なっていく。

それはまるで地獄のような、音の風景だった。

慌てて停止ボタンを押す。

――なにこれ？　ラジオでこんな特集してたの？　いやでも、ここだけ録音されてることがそもそもおかしいし……。

翌日、仲の良い級友にそのことを語ってみたところ。

「なにそれ、怖いけど面白そうだから聞かせてよ」

好奇心旺盛な彼女は、帰りがけにソノコの家に立ち寄り、カセットテープを借りていったのである。

すると次の日、その級友が学校を欠席した。担任教師によれば、高熱を出して寝込んでいるという。次の日もその次の日も、級友は病欠を続けた。

さすがに心配になったソノコがお見舞いに行くと、

「お医者さんにもさっぱり原因がわからないって言われて……」

ぐったりした顔の級友が、か細い声で説明してくる。

「でも絶対に、あなたのテープを聴いたすぐ後なんだよ。熱が出たの……」

これはまずいと思ったソノコは、とりあえずカセットテープを返してもらい、家に持ち帰った。

するとその翌日である。登校すると、例の級友が「おはよう！」と元気に声をかけてきたのだ。

「あなたがテープを持って帰ったとたん、いきなり元気になったんだよね」

もう疑いようがない。このカセットテープに録音された「声」は、なにか悪い力を持っている。

ソノコは、カセットテープを近所にある檀家の寺へと持っていき、これまでの経緯を説明した。すると住職は、次のようなアドバイスを託したのである。

「これはうちの手には負えないので、京都のある寺へ送らなくてはいけない」

その進言に従い、倉敷《くらしき》の寺から京都へとテープを運んでもらった。

しかし、その数ヶ月後である。

一通の小包がソノコの家に届いた。差出人名は住所もなく、「〇〇寺」とだけ記されていた。

なにしろ四十年前のことなので、ソノコ自身も寺の名前は忘れてしまったが、当時の彼女はピンときた。テープを送った京都の寺だ、と。

包装を解くと、確かにカセットテープのケースと同型の、四角くて硬い物が出てきた。ただ、その全面にわたって、ぴったりと真っ黒い紙が貼りつけられていたのである。

小包の中には、一枚のメモが同封されていた。

「この紙は絶対に開かないように」

その他の説明もなく、書き手の名前や素性もなく、ただそっけない注意書きだけが記されていたのだという。

そんなことを言うなら、そちらで保管してくれよ、とも思った。しかしおそらく倉敷の住職と同じく、先方では「手に負えない」から突っ返されてしまったのだろう。だとしたら再送付するわけにもいかない。ソノコは仕方なく、黒紙に覆《おお》われたカセットテープを、押し入れの中の貴重品箱にしまっておくことにした。

そして、それから三年ほど経った高校卒業近くのことだ。

ソノコの進学をきっかけに、家族は新居へと引っ越すことになった。それに伴い、自分の荷物をすべて整理していたのだが、どうしてもあのカセットテープだけが見つからないのだ。

気をつけて保管するため、確実に押し入れの奥の箱にしまったはずだ。そこから二度と出していないにもかかわらず、いつのまにか行方不明になったのだという。

黒紙に包まれたカセットテープは、どこにいってしまったのだろうか。

もしかしたら、四十年経った今、誰かの手元に渡っているのかもしれない。

バンギャ　序

この怪談を提供してくれたのは、Kさんという男性である。

彼はまた実話怪談マニアでもある。怪談好きがこうじたあまり、二〇二一年の竹書房主催「怪談最恐戦」に出場しようと思い立ったほどだ。

自身の持っているエピソードを整理していくうち、彼は一つのエピソードに焦点を絞った。

バンドマンであるKさんの、音楽仲間にまつわる出来事だ。それまで人間関係の都合で封印していたのだが、年月も経ったことだし、そろそろ発表してもいいだろうと判断したのである。

「怪談最恐戦」へエントリーするため、自身の怪談語りを録画してみたのだが、思いのほか長尺になってしまう。あちこち削っていき、話をまとめ上げ、これぞ完成形だと思ったものを、カメラの前で語ってみたのだが。

クライマックスにきたあたりで、ぷつ、とスマホの撮影が停止してしまった。

おかしい。原因がわからない。数分しか録画していないのに自動停止するはずがない。スマホ自体のストレージにも余裕がある。

確認すると、映像そのものが録れていない。もう一度やってみたのだが、やはり同じ箇所で停止した。しかも今度は、カメラ機能自体がフリーズしてしまっている。

なんだよ、おかしいだろ、安物のスマホじゃなくてｉＰｈｏｎｅだぞ……。

訝しみつつ休憩していると、一時間してカメラが復活。

しかし三度目の正直とならず、また同じことの繰り返しだ。

もう締め切り間近で余裕もないのだが、いったん時間を置いてみるしかない。

まったくもう……とベッドに転がり、不貞寝《ふてね》を決め込んでいると。

――トントントントン

二階から、誰かが降りてくる足音がした。家には誰もいないはずなのに。

驚いて開《あ》けた、その目の前。ベッドのすぐ脇を、白い足が通り過ぎていった。

ちょうど視界の端までいったところで、足はすうっと消えた。

次の日も、その次の日も、同じようなことが続いた。

やはりｉＰｈｏｎｅでの撮影はままならず、作業を続けるとカメラ機能が停止してしまう。

そうこうするうち、家のどこかから足音が聞こえてくる。

そして視界の隅を、ちらりと白い足が通り過ぎていくのだ。

——これはもう、仕方ない。

Kさんは「怪談最恐戦」に出場するのをあきらめた。つまりその怪談を、自分の語りで発表することを、あきらめたということになる。

するとｉＰｈｏｎｅの不調はなくなり、足音もぱたりと止んで、白い足も出てこなくなった。

それからしばらくして、Kさんはその怪談を、私に教えてくれたのである。

バンギャ

一九九〇年の夏、Kさんはある飲み会に参加した。

Kさんのバンド仲間のA子が、しばらく留学していたアメリカから帰ってきたので、その祝賀会を催したのである。

彼女は、その母や祖母から霊感を受け継いだ、いわゆる「視《み》える人」だ。日本にいた時も、仲間うちでは怪談担当のような存在だった。

「まだ視えるの？」

「視えるよ～。アメリカでもアメリカ人の霊が出たし」

じゃあここにいるメンバーを霊視してみてよ、との声が出た。

「あの子、なんか変なところ行って、変なの憑けてきちゃってるね」と、心霊スポット巡りが趣味の男の子を指さす。「死んだおばあちゃんが変な男にひっかかるなって心配してるよ」と、ヒモにたかられている女の子に指摘する。

A子はあえて、帰国直後の自分と初顔合わせのものばかりを指名していた。それでも続出する的確な言葉に、これはホンモノだと歓声があがった。

「あ、あの子は女が憑いてるね」

眉《まゆ》をひそめ、暗い場所を睨むような顔で、A子がつぶやいた。

視線の先にいるのは、ノリトという若い男性だった。

「ほら～、やっぱり。当たってるよ」

ノリトはバンド界隈でも、ひどく女グセが悪いことで有名だ。

「でも変だな……立体的に視える。胸から上だけなんだけど、ふつうの人の頭と同じような視え方」

A子いわく、彼女の視ている霊は全て平面的なのだという。逆に、どんなに顔や体、服装がふつうでも、質感がペラペラしていることから幽霊だと判断するのだとか。

「……たぶん小柄で、髪が長くて、胸元まである。あ、でもそんなに若くないかも」

そう言われたところで、ノリトが独り言を漏らした。

「あ、わかったわ」

「え、なに?」

「いや、なんでもない」

いったんノリトも話題をそらしたのだが、A子は合点がいったようだ。

「ああ、もしかしてその子、生きてる？」

「う〜ん……微妙……」

観念したノリトは、事情を語り始めた。


その心当たりとは、ノリトのバンドについた女性ファンの一人だった。岩手県の方から、ライブのたびに上京してくる三十代半ばの人だという。

そして彼女はバンドメンバーや他のファンたちから「おばさん」と呼ばれていた。

ずいぶんひどい呼称だが、当時、ライブにくる女性ファンは高校生がメイン。女子大生ですら年増《としま》扱いされた時代だったのだ。

「おばさん」が個性的な行動パターンをしていたことも、周りから揶揄《やゆ》される原因になっていた。

彼女はノリト個人の熱烈な追っかけであり、ライブのたびにプレゼントを贈ってくる。

それがまた独特で、業務用サイズの洗剤、タバコを一カートンなど、家庭的で実用的なものばかり。

「実家の母親の差し入れかよ、と思ってたんだけど」

あって困るものでもないので、きちんと礼を述べて受け取ってはいた。ただ、それが相手を増長させたのだろうか。「おばさん」の奇行は次第にエスカレートしていったのだという。

まず「おばさん」は、周りのファンたちに嘘をつくようになった。

「ノリトくん、この前キスしてくるから困っちゃって……」

もちろん信じるものはいない。ありえないと内心思っているのだが、面と向かって否定もしづらいので、曖昧な反応で流す。すると「おばさん」の中では既成事実となっていき、妄想が膨《ふく》らんでいく。

そのうち、ノリトの所属事務所に、「おばさん」からの手紙が届いた。

「岩手でノリトくんに会いました。いきなり私の地元に会いに来てくれるなんてビックリ。盛岡駅前の○○デパートで待ち合わせしたんですが、会ったとたん、いきなり私の手をひっぱってトイレに連れ込みましたよ。そのまま個室に入ると、ノリトくんは革パンツだけおろして、私の水玉のワンピースをまくって、後ろからシテくれましたよね。デパートに流れる音楽に合わせて……」

怪文書の内容はもちろん真っ赤な嘘だ。ノリトはその日、別ユニットでライブに出演していた。バンド周りのコアなファンしか知らない日程で、ノリト個人の情報しかチェックしていない「おばさん」は気づかなかったのだろう。

「でも、書いてあることがやけに細かくて、リアルで、生々しいのよ。俺じゃないのは確かだけど、このおばさん、誰に抱かれたんだ？　って皆で首をかしげてた」

彼女の直接的な行動が極まったのは、あるライブ当日のことだった。

女にだらしないノリトだが、音楽活動については生真面目だ。その日、自分たちの出番ぎりぎりまで、併設されたスタジオで練習を重ねていた。

本番のステージには、建物裏手へと回り込んで入場する手筈だった。スタッフにあらかじめ、荷物搬入用の裏口を開けておいてくれ、と伝えていたのだ。

その裏口にさしかかったところで、物陰からぬうっと人影が出てきた。「おばさん」である。

「ビビったよ。一人のスタッフ以外、誰にも伝えていないはずなのに。なんで俺たちがここ通ること知ってんだよって」

そんなノリトに、はにかむような笑顔を向けながら「これプレゼント」と、一枚の紙を渡してきた。

手に取ってみれば、婚姻届けの書類である。

「もう私の名前書いてあるから、あとはノリトがサインするだけでいいから」

ノリトは無言のまま、受け取った紙をびりびりに引き裂いた。

「おばさん」は大泣きしながら、その場に座り込んだ。

その日から「おばさん」の行動は、また別方向の異常さを見せてきた。

ライブには参加するものの、誰ともしゃべらず駆け足で会場に入って、終わったとたん、駆け足で出ていってしまう。おとなしくなったのはいいのだが、なにを企んでいるのかわからない不気味さがある。

また、ノリトの住むアパートの前の木に、変なものがぶらさがるようにもなった。

枝にひっかけたビニール袋。その中には、コロッケやフランクフルトが、包みもなく直接入れてある。しかも必ず、大きく一口かじられた跡がついているのだ。

「気持ちわりいいいいい！　って、毎回、ゴミ置き場に速攻で袋ごと捨ててたんだけどさ」

さらに奇妙なことが続く。

ノリトの部屋は二階にあるのだが、時折、ベランダをなにかが横切る気配がするのだ。

窓に近づいたとたん、サッと逃げる。ベランダの向こうは空中しかないのだが、なぜか走るように逃げていく感じがした。

また、帰宅すると、たびたび玄関前に人影が立っていることがあった。

といっても姿はよく見えない。二階の外廊下まで上がって、人影らしきものが視界に入ったとたん、反対方向に走って逃げていくからだ。そちらには階段などないのだが、いつもどこかへ消え去ってしまう。手すりから地上へと飛び降りているのだろうか。

明らかに「おばさん」の仕業だ、とは思った。とはいえ、きちんとその姿を目撃したわけではない。そして、いつも人間離れした動き方をしているのが、なんとも奇妙だったという。

そんな日々が続いた、ある日の夕方。ノリトが当時の恋人と部屋に帰った時だ。外廊下の階段を上がったところで、例の人影が、ドアに向かってうずくまっているのが見えた。しかも今回については、はっきり姿が確認できたのである。

「やっぱり、あいつだったか！」

背中だけでもわかる。見覚えのある髪型と服装と体型。「おばさん」だ。体を丸めて、ドアに対してなにか熱心に作業している。鍵を開けようとしているのだろうか。夢中になっているらしく、いつもと違って自分が帰ってきたことに気づいていない。

恋人と顔を見合わせ、無言でそうっと近づいた。そして逃げても捕まえられると踏んだ距離になったところで。

「おい、てめえ、なにやってんだ！」

はねられたように「おばさん」が立ち上がった。そのまま向こうへ逃げると思いきや、意外な行動に出た。

たったたった、とこちら側に走ってきたのである。

「うお！　なんだよ！」

予想外の動きに戸惑ったものの、恋人と横に広がり、両手をいっぱいに広げ、逃がさないようブロックする。

それでも「おばさん」は構わず、たったたったと向かってくる。

そしてまさに衝突するかと思われた瞬間。

「おばさん」は、彼らの体をすりぬけていってしまったのである。


「嫌な風が吹いたみたいな感じで、もう鳥肌がぶわあって……」

その感触を思い出したようで、ノリトは全身を震わせた。

「なんだそれ、おばさんの幽霊ってこと？」

「いや、まだ生きてるんでしょ。じゃあ生き霊？」

それまで固唾《かたず》を飲んで聞いていた飲み会メンバーが、口々に声をあげた。

「いやあ、それが幽霊でも生き霊でもなくて、ホンモノの生身かもしれなくてさあ……」

「なんでだよ。どう考えたって普通の人間の仕業じゃないだろう」

「うん、でもさあ……」

ノリトと彼女は、その後すぐに部屋に逃げ込もうとした。しかしドアノブを掴んだとたん、その手がぬるりとすべった。思わずノブを凝視すれば、丸い金属部分がてらてら濡れているではないか。そこで、「おばさん」のうずくまっていた姿勢に合点がいった。

「おばさん、一生懸命、ドアノブをなめてた……っていうか、丸ごと咥《くわ》えてたんだよ」

だからノリトは疑問に思ったのだという。

「なあ、幽霊とか生き霊が、唾液をつけることって、できるのかな?」


似たようなことはもう一つあった。

その頃のノリトは、かなり高価だった羽毛の枕を、奮発して購入していた。

「やっぱり睡眠って大事だよな。羽毛の枕を買ったらグッスリ眠れるようになった」

Kさんも、ノリトがよくそう吹聴してまわっていた姿を憶えている。

「なんか最近ぜんぜん眠れなくなってさ……羽毛の効果切れたかなあ……」

そしてまた、正反対の愚痴《ぐち》をこぼしているのも目撃していたのだった。

ちなみに、この時のノリトが「おばさん」の人影に悩まされていることは、誰にも知らされていなかった。

ある夜、枕の感触に違和感を感じたノリトは、よく見てみようと手にとって持ち上げてみたそうだ。

するとと明らかに、ずしりと重くなっている。まるで太った猫を抱いている感じだ。買った時の重量はこんなものではなかった。

不審に思って、縫い目の部分に数センチ切れ込みを入れ、中に手をつっこんでみた。すると中心の方の羽毛が、ぐっしょり濡れているではないか。

……寝汗か？　でもなんで上じゃなくて真ん中だけが濡れてるんだ？

さらに探ってみると、また別の手触りが感じられた。羽毛の中に、なにかが埋もれている。

それを掴んで、ぐいっと引っぱってみると、重たく濡れた、黒くて長い物体がひきずり出されてきた。

びしょ濡れの女の髪の毛。それが大量に束となって、枕の中に隠されていたのだ。

「なんだそれ、気持ち悪い……。おばさんの生き霊がやったのかよ」

Kさんが質問を差しはさむ。

「いや、おばさんの仕業だとは思うけど、生き霊じゃないっぽくてさ」

「なんでだよ」

「だってその髪の毛、根もとのところが白い麻紐《あさひも》で結ばれてたから」

よく文房具屋で見かける、梱包用の麻紐だ。霊的なものだったら、髪を束ねるのにそんな市販品を使うだろうか。

「おばさん」が部屋にこっそり忍び込み、枕を切って、その中に自分の濡れた髪の束を入れ、また縫い直して出ていった……。ノリト自身は、そう推理しているらしいのだが、それはそれで気味悪いことこの上ない。


とにかく、髪の毛は枕ごと捨ててしまった。

するとその日を境に、「おばさん」の人影は出現しなくなり、またライブ会場にも「おばさん」本人が顔を出さなくなった。

やれやれ一件落着か……と胸をなでおろしていたのだが。

同じ年の夏、ノリトたちのバンドは全国サマーライブツアーに出た。

インディーズの場合、全国ツアーにはちょっとしたコツがある。たくさんのハコで開催している感じを出すため、まず横浜や千葉、埼玉などの東京近郊で（つまり日帰りなのでツアーでもなんでもないだのが）ライブ数を稼いでいくのだ。

埼玉県の大宮《おおみや》の会場でワンマンライブをしていた、まさにその本番中である。

「おばさん、いたんだよ」

客席の前寄りの列に、見覚えのある風貌を発見してしまった。ただし、その髪型だけは、ずいぶん以前と異なっている。

長かった髪をばっさり切った、ショートカットの「おばさん」が、他の女の子たちより頭ひとつぶん高い位置に、顔を出しているのだ。

うわあ……また来ちゃったよ……。

そう思いつつ、演奏を続ける。そのあいだも、ちらちらと目をやってしまうのだが、どうも「おばさん」の様子がおかしい。

なんというか、自分を見つめている視線を感じない。目の方向が少しズレているし、口もぽかんと開けっぱなしで、呆《ほう》けているような表情を浮かべている。

そうこうするうち、「おばさん」の前を女の子二人がトイレにいくため横切っていった。

と、その一瞬で「おばさん」が、煙のように消え去ってしまったのである。

ライブ終了後、メンバーに聞いてみると、誰も「おばさん」など見ていないという。あれだけはっきり、他の客よりも目立つ位置にいたというのに。

「だから俺もその時だけは、はっきり生き霊じゃねえかと思ったんだけどさあ……」

気になったノリトは、客席におりて問題のポイントを確かめてみた。

「おばさん」は身長百五十センチほどだ。だから周りの子たちから頭一つ高くなるには、二、三十センチの高さを確保しなければならない。

あの時は意識を演奏に向けていたので、椅子か飲み物ケースの上に立っているんだろう、とぼんやり思っていたのだが。

その列には椅子もなければ、ケースの類も置いていない。踏み台になるような物体は、なにも見当たらなかったのだ。


そしてそれ以来ずっと、「おばさん」の姿は見かけていないし、誰かが目撃したとの情報も聞かない。

「だからさ……あの時、おばさん、首を吊ってたんじゃないかって」

今までずっと、頭の片隅で、そんな想像をしていた。

「でも、A子さんが生きているように見えるんだったら、おばさんも生きてるってことですよね」

それならそれでオッケーです、とノリトはつぶやいた。

他撮り

「今は空前のキャンプブームだが、俺はキャンプはしない」

ミチオさんは、自身のSNSのプロフィール欄に、そう記している。

「と、いうかトラウマで出来ない」のだと。

一九八一年というから、もう四十年も前になる。

当時のミチオさんは、アメリカのカルフォルニアに住んでいた。また、趣味というにはかなり本格的なカメラマンでもあった。

現在は人物ばかり撮っているミチオさんだが、その時はもっぱら自然の風景写真――いわゆるネイチャー・フォト――が専門だったという。

その年の秋、二十代のミチオさんは本格的な撮影旅行を始めた。カルフォルニアからオレゴンを通り、シアトルからカナダへと車で入国、キャンプをしつつネイチャー・フォトを撮ってまわったのである。

ブリティッシュコロンビア州、バンクーバー近郊の山だったかと記憶している。

二時間ほどかけて登山し、山や湖の被写体をカメラに収めていった。

その時のミチオさんは「景」専門だったので、動物すら画面に入らない方がよかった。ましてや人間が写ってしまっては、別ジャンルの写真になってしまう。

九月後半はその山にとって最高の時期である。適当に歩いているだけでは、どこかしらで登山客に出くわしてしまうだろう。人影一つ見当たらないポイントを目標に、登山を続けていった。

そしてテントをはったのが十四時頃。あれこれと用事を済ませ、眠りについたのが二十二時頃だった。もちろん、それまで人の気配はなに一つ感じられなかった。

次の日は早朝から撮影を重ねた。特にトラブルもなく、首尾よく一帯の風景をおさめ、意気揚々と山をおりていったのだ。

そこからまた、幾つかの撮影地点を旅した後、ミチオさんは無事に帰宅した。

そう、肩透かしをくらわせて申し訳ないが、不思議な現象など「なに一つ起きなかった」のだ。

いや正確に言えば、ミチオさん自身は、「なに一つ起きなかった」と感じていただけ、なのだが。

家に帰った後、ミチオさんは旅行中の写真を次々に現像していった。

言うまでもないが、当時の機材はフィルムカメラである。暗室でネガを現像したところで、ようやくどんな絵が撮れているかがわかる。さらにきちんと確認するには、プリントをしなければならない。

その作業中、山で写したフィルムロールに、いっさい覚えのない画像があらわれてきた。

コダックのトライX。白黒の二十四枚撮りの、ちょうど真ん中あたりだったという。

テントの中で、寝袋に入って眠りについている男。

それはミチオさん、彼自身だったのである。

一枚はテント入り口側から、足をなめて頭にかけての絵。もう一枚は、斜め上の方からの俯瞰《ふかん》ショット。計二枚の自分の寝姿が、そこに収められていたのである。

ただし露出については、二枚とも適正な値に合っていなかった。モノクロの画像の中で、フラッシュのあたっていない片側は、真っ黒く沈んでいた。

つまりミチオさんの寝顔だけが、暗闇の中に白く浮かび上がるような絵になっていたのである。

いったいこれは、どういうことなのか。

テントをはっていたのは、たまたま人が通りがかるような場所ではない。そもそも夜中の山奥である。ほぼ確実に他人がやってこないポイントだと断言できる。

百歩譲って、おかしな登山客がずっと自分の後をつけていたと仮定しても、だ。

どうやって、気づかれないように自分のテントの中に忍び込んだのか。

物音一つたてず、バッグに大事にしまってあるカメラを引っぱり出せるだろうか。

そしてなにより――。

当時のフィルムカメラは、今のデジカメのように、手軽に暗いところでも撮れる代物ではない。

深夜の山奥、照明器具もつけていないテントの中では、フラッシュを焚《た》かなければなにも写るはずがない。

そう、写真を見る限り、確かにフラッシュは焚かれている。

しかしそれなら尚更、機材を用意する音にも、強烈な光にも気づかず、自分はすやすや寝ていられるはずがない。

いったい誰が、いや「なに」が、どうやって、こんな撮影を行ったのか?

そんなことがあったので、ミチオさんはもう絶対に、山でキャンプなどしない。

聞き耳

トモミチくんは高校生の時、テニス部に所属していた。

とある夏の日の、練習後のことだ。夕方とはいえ、まだ太陽はまぶしい光を投げかけている。トモミチくんら仲の良い部員七名は、テニスコート脇の日陰に集まり、他愛もない会話をかわしていた。

なんといっても、そこは男子高校生。気がつくと彼らの話題は、下半身のテーマへと横滑りしていった。

最近手に入れたアダルトビデオの品評から始まり、駅で見かけた女子高生のパンチラ、初体験の思い出、彼女とどのラブホテルに行くべきか……と、下世話でプライベートな方向にどんどんエスカレートしていったのである。

「そういえば、リョウくんはそういうエロい体験ないの？」

ふと話が途切れたタイミングで、三年生のトモミチくんは、輪の後ろでニコニコ微笑《ほほえ》んでいた後輩のリョウに声をかけた。

整った顔をして、スタイルも男らしい上に、物腰もやわらかい。リョウが明らかにモテるタイプであることは、部員全員が頷《うなず》くところだった。

彼は一年生にもかかわらず、恵まれた体格と運動神経でみるみる頭角を現し、あっというまに団体戦のレギュラーに選出されていた。補欠の先輩にもけっして生意気な態度をとらない穏やかな性格で、顧問や先輩たちに気に入られていた。

リョウ自身も付き合いがよく、今日も一年生が早々に帰った中、一人だけ残ってトモミチくんたちの話を楽しそうに聞いていたのである。

「いやまあ、あることはありますねえ……」

リョウの一言が、皆の視線をひきこんだ。

そういえば彼と中学で同級だった一年生部員も言っていた。リョウは中学時代から多くの女の子と付き合ったことのあるプレイボーイだ、と……。

リョウははにかみながら、それでも少し得意げに、こんな言葉を放ったのだ。

「実はこの前、彼女と元カノと三人でヤッたんすよ」

一瞬の沈黙。そして、どよめく六人の先輩たち。横並びだった隊列は、あっというまにリョウを囲む円陣へと変わり、皆が前のめりで思い思いの質問をぶつけだした。

「ちょ、ちょっと。イチから説明するから。落ち着いてください」

いったんヒーローインタビューが始まると、そこからはリョウの独壇場だった。

――自分の家で、彼女と二人で勉強していたら、近所に住む元カノがゲームをしにきたんですよ。

彼女とも知り合い同士なんで、別にいいよ～って。でも横でゲームをされてたら、あんまり勉強に集中できないじゃないですか。

なんとなく彼女と並んでベッドに座って、元カノがゲームする後ろ姿を眺めてたんですね。そしたら、やけにムラムラしてきちゃって。

元カノに気づかれないように、こっそり彼女の体を触りました。そしたら彼女の方もその気になってきて、イチャイチャが始まって……。

なんかあるじゃないですか、こっそりプレイが興奮するみたいなノリ。

彼女からはけっこう喘《あえ》ぎ声が漏れだして、おおヤベえな、と思ったんですが。向こうはゲームに夢中になってるのか、ぜんぜん気がつかないんですね。

となると、どこまでイケちゃうのかな、ってノリになっていきますよね。

彼女の方は上もはだけさせてブラジャーもとって、自分はすうっと立ち膝《ひざ》になって。で、右脇の彼女を抱きしめて、キスをしながら胸を揉んでたんですよ。

なんてことしてたら、元カノがいきなりゲーム画面をポーズして、こっちに振り向いたんです。

さすがにバレたか。キレられるかな……。

とっさに動きを止めたんですが、そこで元カノからの意外な一言。

「私も混ぜてよ」

で、こっちの返答も待たないで、するすると服を脱ぎ始めたんです。

もはや先輩たちは全員、相槌《あいづち》を打つのも忘れて聞き入っていた。

――元カノ、あっというまに全裸になって、ベッドに上がってきたんですよ、四つん這いで。

自分も、まあそういうことなら、って彼女の方のオッパイ揉むのを再開です。

こっちは立ち膝の姿勢ですから、股間が元カノの目の前に来てますよね。向こうは猫の態勢のまま、カチャカチャこっちのズボンをおろしてきたんです。で、そのまま俺のを咥えようとしたんです。

かわいい奴め、って自分もけっこう興奮しながら、相手を見下ろしたんですよ。

そしたら元カノの背中に、人間の耳が何十個も生えてまして。

「は？」

思わず、トモミチくんはすっとんきょうな声をあげた。

「え、ちょ、は？」

リョウは「なにか？」といった表情で一瞬見返してきたが、大して気にもせず、するすると話を続けた。

——耳、です。人間の耳。いや、一個じゃないんすよ。首元から腰骨のあたりまでびっしり。マジ気持ち悪かったっすね。

思わず元カノをどーんとベッドの下まで突き飛ばしちゃったんですよ。

そしたら『なにすんのよ！』『ひどいよ！』って女子が二人してプリプリ怒っちゃって。

元カノの背中を見直しても、なにもないし。なんか萎《な》えちゃって、その日は解散しました。

「だからこれ、結局3Pできませんでした……ってオチの話です。期待させてすいませんでした！」

誰もがツッコむタイミングを逃し、黙りこくっている中、リョウはいつもの穏やかな微笑みを浮かべた。

「もったいないことをしましたわー。もう一回チャンスがあればいいんすけどね」

彼の話の力点は、明らかにずれていた。

オチとなるポイントが、自分の3P失敗部分だと思っている。しかしだからこそ、嘘をついている、人をからかっているようには、とても見えなかった。

「元カノが、リョウくんたちのイチャイチャを、じっと『背中で聞き耳をたてていた』。そういうことなんでしょうかね……」

トモミチくんが、私にそんな質問を投げかけてきた。

リョウは大人になった現在、医者として立派に働いているそうだ。

ピンボケ

まず釘をさしておくが、これはどこまでも「ピンボケ」なままで終わる話だ。

私のSNSアカウントに、コウタさんという男性から、一枚の画像が送られてきた。

心霊写真が撮れたので吉田さんに見てもらいたい、ということだった。

「後ろの壁に写っているの、わかりますかね?」

私はその画像をダウンロードし、まじまじ見つめてみたのだが……。

ともかく、まずはこの写真がいつどこで撮影されたかについて説明しなければならないだろう。

画像とともに送られてきた、コウタさんからの一連のメッセージをまとめると、以下のようになる。

*

コウタさんは、千葉県の専門学校に通っているそうだ。

学校では、いつも一緒に行動する友だちが三人いる。メッセージの中では彼らを「Aくん」「Bくん」そして「Cさん」と呼んでいた。

なぜか「Cさん」だけが「さん」づけなのだが、この人物だけ先輩なのか、それとも女性なのだろうか。

その点は私にはわからない。なにしろコウタさんは一方的にメッセージを送ってくるばかりで、あまり細かい説明をしてくれず、こちらの質問にも答えてくれないからだ。

とはいえコウタさんによれば「いつも、Cさんが僕たちをリードして、ご飯を食べたり、遊んだりしていたのです」という関係だったらしい。

そんなCさんが、午後の授業中、こんなことを言ってきたそうだ。

「お腹がすいたから、もう授業を抜け出したい」

Cさんは時々このようなワガママをぶつけ、他の三人をふりまわすのだという。

ここは出席に厳しい学校なので、サボったりすれば先生に大目玉をくらってしまう。

「いいじゃん。お腹すいたよ。どこか食べに行こう」

いくらコウタさんたちがしぶっても、Cさんは自分の主張をゆずらない。結局、リーダー格の言うことには逆らえず、四人は学校を抜け出して、近くのファミレスに行くこととなった。

二時間後、みんなで食事をすませた後。今さら学校に戻るわけにもいかないので、それぞれ家に帰るため、駅を目指して歩いていた。

「お〜い、みんなこっち見て〜」

途中、Aくんがふざけてスマホを向けてきた。

「これが学校サボってる人たちで〜す」

パシャ、パシャとコウタさんたち三人を撮影していったのである。


コウタさんが帰宅してすぐ、SNSにメッセージが届いた。Aくんから、さきほど撮った写真が十枚ほど送られてきたのだ。

その写真をなにげなく眺めていると、今度はBくんから、電話の着信があった。

「ねえ、Aくんから、さっきの写真送られてきた？」

きたよ、と答えると。

「……三枚目の写真に写ってるの、なに？」

そこまで注意深く見ていなかったので、もう一度しっかり写真を観察してみる。

するとそこに、あるものを発見した。コウタさん自身の言葉によれば……。

「奥に、人の顔が写っていたのです」

次の日、学校に行ったコウタさんは、先生から呼び出しをくらった。もちろん昨日、午後の授業をサボった件についてである。

コウタさんがしぶしぶ職員室に入っていくと、すでにAくん、Bくんが担当の先生に怒られているところだった。しかし、肝心の言い出しっぺであるCさんの姿だけがない。

先生によれば、「Cは今日、休みだから」とのことだった。

なんだよ、一人だけ……。

さすがに怒りを感じたコウタさんは、週明けの月曜日、登校してきたCさんを問いつめたのである。

「なんで学校に来なかったの？　なにか事情でもあったの？」

「それなんだけど……」

母方の祖父が亡くなったので、お葬式に行ってきたのだという。

それならそれで仕方ないかとも思ったが、Cさんの表情がひどく暗い。祖父の死がショックなのかと聞けば、会ったことすらない親族なので、そういうことではないのだという。

「いやあ、それが変な話でね……」

あの日、みんなと別れた後、Cさんは居酒屋のアルバイトに向かった。

その勤務中、掃除のためにトイレを開けてみると、中に男性が入っていたそうだ。用を足しているわけでもなく、ただ個室の中に立ちつくしている。

「あ、すいません。失礼しました」

男はなぜか、じいっと下をうつむいたまま黙っている。いやに暗い空気をまとっているので、それ以上は声をかけず、いったん引き下がった。少し経ってからもう一度確認すると、トイレはもう無人になっていたという。

アルバイトが終わり、Cさんが家に帰ると、母親がこんなことを告げてきた。

「おじいちゃん、亡くなったんだって」

「え、おじいちゃんって、お母さんの方の?」

「そう、あなたは会ったことないけど……」

母親によれば、祖父はかなり問題のある人間だったという。なんの理由もなく周りの人間を怒鳴《どな》りつけ、家族に対してすぐ暴力をふるう。そのため祖母とはとっくの昔に離婚しており、母親ふくめた他の親戚も、近づかないようにしていたらしい。

「あなたにも危害がおよぶといけないと思って。おじいちゃんと会わせないようにしていたのよ……」

次の日（つまりコウタさんたちが先生に怒られた日）、Cさんは家族とともに祖父のお葬式に行った。

と、その祭壇に飾ってある遺影写真を見て、ひどく驚いてしまった。

「その写真、前日にアルバイト先のトイレで見た、あの男の顔だったんだよね」

しかもだよ……とCさんは続けた。

「この前、Aくんが撮った写真。奥の方に変な顔が写ってたじゃない」

——それがその顔、おじいちゃんの顔だったんだよ。

＊

誰かが亡くなるタイミングで、遠く離れた親族のもとに姿を見せる。

こうした話は「虫の知らせ」と呼ばれ、非常に多くの体験例が報告されている。私が取材している中でも、いちばんよく聞くタイプの怪談である。

しかしこの話についてだけは……なにか、意味がよくわからないモヤモヤばかりが残る。

そしてそれは、ひどく気味の悪いモヤモヤなのだ。


「その写真がこちらです」

「わかりやすいよう拡大しました」

「後ろの壁に写っているの、わかりますかね？」

そんなメッセージとともに、コウタさんは問題の画像を送ってきた。

しかし正直に言って、私はその写真に「おじいちゃんの顔」が写っているようには見えなかったのだ。とはいえ逆に、「なにも写っていない」とはっきり断言できるわけでもない。

なにしろ、写真全体がボケてしまっているからだ。

どんな場所で撮ったのかも、一緒に写っているCさんという人物の姿かたちも、すべてピントが合っていない。

だから「Cさん」が男か女かもわからない。髪が長めで、服装がダッフルコートなので、どちらの性別にも見える。コウタさんからのメールだけでは「Cさん」が男女どちらか判断できないのと同じように。

そしてなぜ、コウタさん、Aくん、Bくん、そしてCさんの四人とも、この写真に「顔」が写っていると思ったのだろうか？

この写真だけでなく、話の内容そのものも、Cさんという存在も、なにからなにまで「ピンボケ」ではないか。

私にはどうしても、これらの「ピンボケ」が不気味に思えてしまう。

なんだか、コウタさんが肝心なことを隠しているように感じるからだ。

その上で、私がなにかに気づくかどうか、テストされているように思えるからだ。

例えばCさんが男なのか女なのか、このピンボケ写真の中にきちんと「顔」が見えるかどうか、などを……。


さすがに私もこのあたりで、ストレートな質問を投げてみた。

「こちら、写真が全体的にボケてるのは元からですか？　それとも顔がわからないように、わざとボカすように加工しましたか？」

そこで、コウタさんは音信不通になった。いっさいの返信もなく、メッセージが途切れてしまったのだ。

おそらく、写真の中に「顔」が見えなかった私とは、もうやり取りする気を無くしたのだろう。

なんとも「ピンボケ」な顛末《てんまつ》で申し訳ない。

ただ、私一人でこのモヤモヤを抱えるのも気持ちが悪くて、ここに発表させてもらったという、そんな次第である。

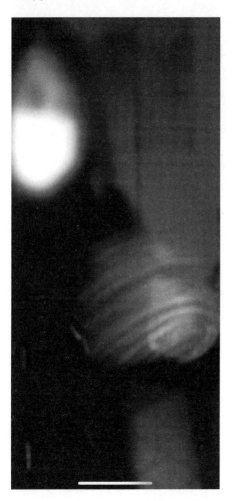

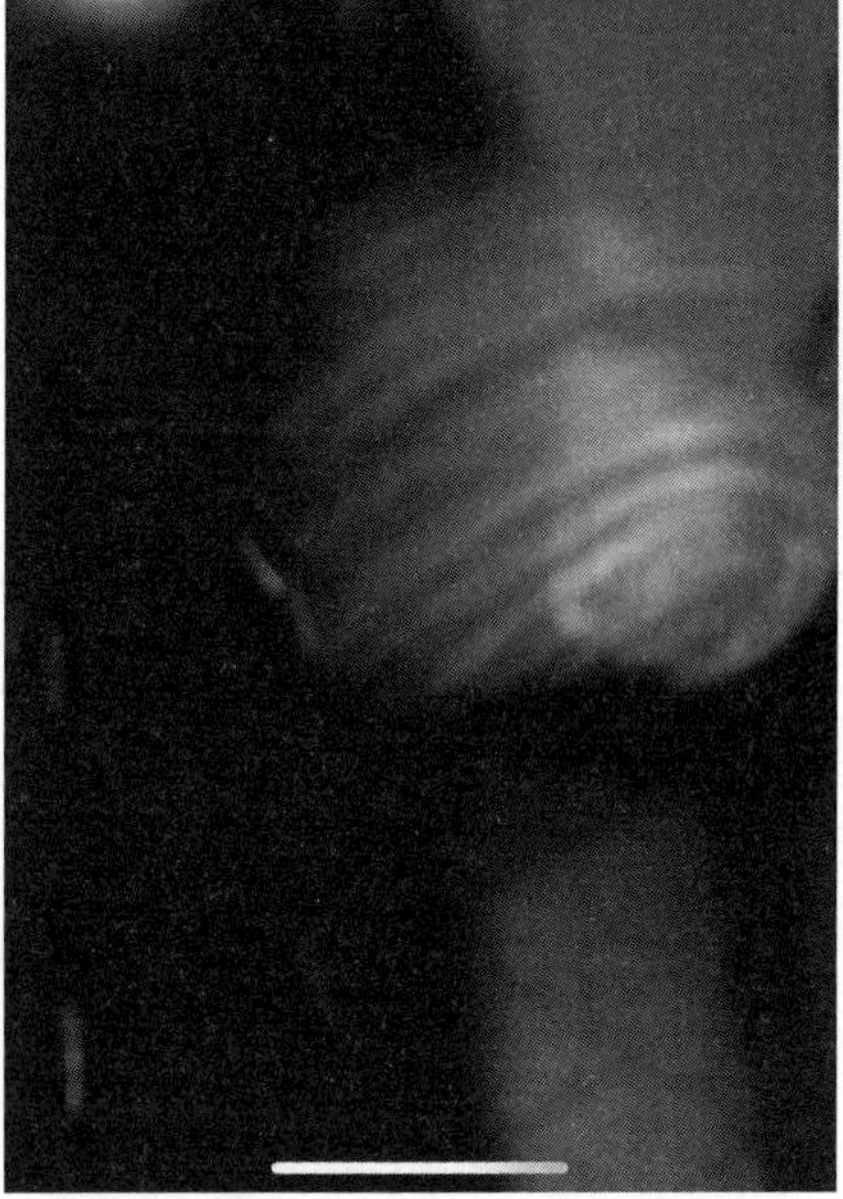

民謡

現在は東京に出ているナガオさんだが、出身は佐賀県唐津市《からつ》だ。

それは十年前、彼が高校一年生の頃だという。

九州某所に残されている、朝鮮学校の廃墟を訪ねたことがあるそうだ。メンバーは最年長の二十歳から、下は同学年の高校一年まで。計八名で二台の車に分乗し、肝試しを楽しもうとしたのだ。

その朝鮮学校は、深夜の闇に沈んだ雑木林の中にあった。鬱蒼《うっそう》たる木々を背景に、朽ち果てた外観で佇《たたず》む廃校舎は、遠目からでもずいぶん迫力があった。

おそるおそる足を踏み入れると、内部はさらに凄味《すごみ》を増していたそうだ。

一階の教室には、首吊りを思わせるロープがぶらさがっていた。廊下に掲げられた集合写真は、生徒たちの顔が一つ一つつぶされている。そんな思いもよらないオブジェが、スマホの明かりで断片的に照らされていく。

不良たちのイタズラなのだろうが、いちいち恐怖の演出が冴えわたっており、ナガオさんたちはあえなく悲鳴をあげ続けた。

ただ、さすがに二十歳のリーダーは臆していないようで、「二階に上がろう」と先導する。

ナガオさんは嫌々ながらも友人の背中にくっつき、階段を上りきった。

向かって右側に廊下が長く続いていく。そのつきあたりには、他の教室よりも頑丈そうな、両開きの扉が見えた。その表面には、「ここから入るな」との紙が貼ってある。

「入るなってことは、入れってことだな」

リーダーは構わずズンズンと廊下を進み、ドアノブに手をかけた。

「なんだこれ、開けにくいな……」

防音用の重い扉ということに加え、ドア枠の建付けが悪くなっているため、スムーズに動かない。かん高く、耳障りな音をたてて、ようやく戸が内側へと開いた。

中は、音楽室だった。

手を離すと扉が勝手に閉まるので、椅子を置き、ストッパー代わりにしておく。全員が教室内へ入り、数歩進んだところ。

ガーン！　と、金属同士が激しくぶつかるような音が轟《とどろ》いた。

振り返れば、さきほど置いた椅子が手前に倒れていた。しかも同時に、扉がきっちり閉まっているではないか。

「どういうことだよ！」

パニックに陥《おちい》った七人は、必死にノブを動かし、体当たりして開けようとするが、なぜか扉はびくともしない。

すると彼らの背後で、突然ピアノの音が鳴り響いた。

なにごとかと目をやれば、同行していた一人の少女が、ピアノ前の椅子に腰かけ、なにかの曲を演奏している。

スマホの明かりに照らされたその顔には、いっさいの表情がない。

「どうした！　ちょっと、おい！」

いくら大声で話しかけても、なんの反応も示さず、彼女は鍵盤を叩き続けた。抒情《じょじょう》的な曲調の、ゆっくりとしたリズムの曲が、ミスもなく流暢《りゅうちょう》に奏でられていく。

さらに少女は弾き語りさながら、唄まで歌い始めたのである。

口から発せられるのは、日本語ではない、どこかの国の歌詞だった。

彼女はバレーボール部で、ピアノを弾けるとは知らなかった。しかも外国語。その異様さに、全員がもはや声もかけられず凍りついた。

最初に気を取り直したのは、ナガオさんだった。スマホを取り出すと、祖母の携帯番号へと連絡してみたのである。

彼の祖母は、地元で拝み屋を営んでいた。これまでにも家族に怪しげなことがあった際、たびたび助言をもらっていたのである。

「……そうか、ちょっと聞かせてみれ」

祖母は大して驚きもせず、少女の歌声を電話ごしに聞き取った。そして淡々とした口調で、次のようなことを告げてきたのである。

その女の子は、日本の出身ではないのかもしれない。なぜなら聞こえてくる曲は朝鮮半島の民謡「アリラン」だからだ、と。

「そんまま好きにさせておけば、すぐ元に戻るけん、大丈夫ばい」

その言葉を信じ、通話を終えてから見守ってみたところ。

数分後、彼女は「アリラン」のフルコーラスを終えたかと思えるあたりで演奏と歌を止め、すうっと立ち上がったのである。おそるおそる近づくと、気を失ったように前に倒れこんできた。

とっさに数人でその体を支えた瞬間、ふたたび激しい金属音が鳴り響いた。

そちらに目をやれば、扉がまた開いている状態へと戻っていたのである。

二十歳の先輩が少女を背負い、大急ぎで廃校舎を後にした。地元へと戻っていく車中で、彼女は意識を取り戻した。

これは後から聞いたのだが、少女は母親が韓国人、父親が日本人で、出身も韓国だとのこと。数年前に家族で日本に引っ越したため、韓国語と日本語のバイリンガルなのだそうだ。もちろん「アリラン」という民謡そのものの存在は知っている。

ただし、ピアノは弾けない。きちんと触ったことすらないのだという。耳で聞いたことのある曲を流暢に演奏することなど、絶対に不可能なのだ。

「というより、これも後から気づいたんですが……」

あんな朽ちかけの、調律もされていないピアノが、まともに奏でられるわけがないのだ。

しかし彼女の「アリラン」は、それはそれは見事な弾き語りだったのだという。

鶯谷の怪

ふだん使っている電車が、ふいに異空間と繋がってしまう……。

有名ネット怪談「きさらぎ駅」は異界の駅に迷い込む話だが、その逆もある。いつもの駅や路線の風景に、異界が浸食してくる、そんな怪現象が。

私はそうした体験談を、「異界駅」ならぬ「駅異界」と呼んでいる。たとえば、秋津駅と新秋津駅のあいだの様々な体験談については、これまでも私がさんざん言及しているので、聞き及んでいる人は多いだろう。

それとはまた別の、東京都心のＪＲ路線にて、たいへん奇妙な、しかし似たような事例が続出しているので、今回はそれを報告しておきたい。

私が不思議体験談の取材を募集すると、よく集まってくる話がある。

「出発したはずの駅に、また戻ってきてしまう体験」だ。

①タケオさんの例

私に連絡する十日前に体験したばかりの出来事だという。

タケオさんは友だちに会うため、ＪＲ新宿駅から中央総武線・三鷹《みたか》駅行に乗りこんだ。スマホに目を落としつつ、自分の乗った電車が進んでいくのを感じていたのだが。

「次は新宿〜　新宿〜　お降りの方は」

ふと気がつくと、新宿に到着する旨の車内アナウンスが流れたのである。そして車両は、当たり前のように、さきほど乗ってきたはずの新宿駅ホームへと停車した（※正確にいえば、ＪＲ新宿駅の総武線は上り下りでホームが別れているので、隣のホームになるのだが）。

なにが起きたのかと混乱したタケオさんが、あたりを見回していると。

すぐ前に座っていたサラリーマン風の中年男性もまた、目をまん丸くして、窓の外をキョロキョロとうかがっていた。

そういえばこの男性も、つい数分前、新宿駅から一緒に乗った人だったはずだ。お互いの目が交差し、なんとなく頷きあった後、二人で新宿駅へと降りた。そこで男性とは別れたが、おそらく彼もふたたび、総武線の下りホームに戻っていったのだろう。

「だから少なくとも僕だけでなく、二人が体験した事実です」

そう、タケオさんは釘をさしてきた。

なった。

②ノリコさんの例

実話怪談取材では、同系統の怪談が同時期に集まるという偶然がたびたび起こる。

タケオさんの取材から数日後、まったく別の人物から、同じような体験談を聞くこととなった。

ノリコさんの場合は山手線だったという。二〇一五年頃、昼間にJR鶯谷《うぐいすだに》駅から外回りの電車に乗り込んだ。やはり窓の外の景色などは見ず、スマホに目を落としていたと思う。

JR上野駅で乗り換えるので、区間はたった一駅だ。三分後、次の駅に到着したので顔を上げると……目に入ってきたのは、鶯谷駅のホームだったのである。

「えっ、どういうこと？」

思わず声をあげてしまった。

上野駅は毎日のように利用しているため、無意識に鶯谷駅ではなく上野駅へと歩を進め、ぼうっとしたまま内回りの山手線に乗ってしまったのか？

ほぼありえない話ながら、無理やりそう考えて、自分を納得させるしかない。

今から思い返せば、Suicaの履歴を見れば解決できたのだが、当時はそこまで考えが及ばなかったそうだ。

しかしノリコさんは、物事をうやむやのままにできない性格であるらしい。何度となく記憶をたどろうとしたのだが、あの時の自分が、上野駅からわざわざ山手線内回りに乗りこんだ憶えが、やはりない。

半年後、どうしても納得がいかなかったノリコさんは「鶯谷駅　怖い話」でネット検索をしてみたのである。

すると二〇〇四年に書かれた、はてなブログがひっかかった。

③はてなブロガーの二例
少し複雑になるが、そのブログではまず、他のはてなブログのエントリーを引用していた。当該記事は削除されているので、それをそのまま孫引きさせてもらう。

「以前電車に乗っていて不思議な体験をしたからなのです。ずっと同じ車両にいてシラフで起きていたのですが、なんと普通に運行していて鶯谷駅に2回も停車（停車して発車してしばらく走ってとまったところがまた鶯谷）したんですよ電車が。平日昼の出来事でした。」

鶯谷駅どころか平日昼という点まで、ノリコさんの体験と合致している。

しかし本題はここからだ。

これを引用したブログ主は「そうなのだよ。鶯谷は変なのだ」と、次のような自身の体験談を記している。

JR秋葉原《あきはばら》駅から山手線内回り（上野・鶯谷方向）に乗った時、思わず目をひくような男性が、同じ車両に乗り込んできた。

彼に注目したのは、絵に描いたような「モロにヲタク系」の容姿をしていたからだ。ブログ主いわく「ものすごい巨体」で、長袖シャツにケミカルウォッシュのジーンズ、ニューバランスの偽物スニーカー。

そんなファッションに加え、対面に座った彼は、ゲームの攻略本を読み始めたのだという。まさにオタクそのものの容姿と振る舞い。

しかし髪型だけは短髪だったので、「これで長髪だったら完璧なのに」と感じたそうだ。

すると鶯谷駅で、これまた目をひく一人の女性が乗ってきた。茶髪のアジア系で、「着ているスーツがあまりにもどピンクだった」からである。

その女は、ブログ主の目の前を通ったので、一瞬、視界が遮《さえぎ》られた。そして女は斜め前の方の席に座ったので、あらためて正面を向き直ったところで――。

ブログ主は凍りつき、自分の目を疑ったのだという。

さて、彼がなにを見たのかについては、後で述べることにしよう。

④ふたたびノリコさんの例

ノリコさんは、この記事を読んで驚愕《きょうがく》した。

自分自身も昔、ほぼ同じような目にあったことを思い出したからだ。

数年前、やはり山手線に乗っていた時のことだが、進行方向は反対の外回りだった。

JR新宿駅にて、斜め向かいに男が座った。思わず視線を向けたのは、コントに出てくるような典型的オタク・ファッションだったからだ。

ぼさぼさした長髪、長袖のネルシャツにケミカルウォッシュのジーンズ、そして安っぽい偽ブランドのスニーカー。また、その体格がでっぷりした「巨体」であることも、先述の記事と共通していた。

今時もああいう人がいるのだなあ、と思いつつ、上野方面に電車は進んでいった。

そして鶯谷駅の二つ手前、西日暮里《にしにっぽり》駅にて、がやがやとアジア系の女性数人が乗り込んできたのだという。全員が、ものすごく派手な原色のスーツケースを持っていたのが印象的だった。

彼女たちはノリコさんの座席シートの前に並び、数秒間、その視界を遮った。そしてすぐ、またがやがやと別の車両へ移動していったのである。自然と、ノリコさんの視線は正面へと向けられたのだが――。

そこで、先ほどのブログとまったく同じ現象が起きた。

対面の男が、「女」になっていたのだ。

服装も荷物も、先ほど見た時のままだ。もしかしたら服は女物になっていたのかもしれないが、とにかく柄やコーディネートは変わっていない。

しかし、その性別だけが変化している。巨体でぼさぼさ長髪のオタク・ファッションの男が、巨体でぼさぼさ長髪のオタク・ファッションの「女」になっていたのだ。

えっ……？　はぁ？

こんなはずがないと目をこすった。その記憶が、ノリコさんの中でありありとよみがえってきたのだ。

はてなブログの文章でも、「目の前の人間は、全く同じ格好、同じ体型のまま女性に変わっていた」とある。体型も荷物も服装も読んでいるゲーム攻略本もそのままに、髪型がロングの三つ編みに、胸が出て、顔が女性のものに変化したのだという。

髪型や持ち物、アジア系女性の人数といったディテールはやや異なるし、エリアはノリコさんが「西日暮里→日暮里間」、ブログが「鶯谷→日暮里間」と一区間だけズレているが、そんなことは微妙な誤差である。

いったい、この共通性はなんなのだろうか。

——鶯谷から日暮里あたりを走る山手線車内で、典型的なオタクっぽい巨体の男性が、ド派手な色の持ち物が印象的なアジア系女性に視界を遮られた瞬間、服装・体格はそのままに「女」に変化してしまう——

とにかく、次のことだけは言える。

これはもう、私の十七年にわたる実話怪談取材の歴史において、「最も意味不明な怪現象」である。

しかもタケオさんの言葉を借りるなら、たった一人の見まちがいではなく、まったく別々の「二人が体験した事実」に違いないのだ。

読者諸氏についても、もし同じ体験をしている人がいたら、是非とも情報をお寄せいただきたい。

もっとも、似た体験談が大量に集まったとて、この現象がまったくもって意味不明なことに、いっさい変わりはないのだが……。

なめくじ

このところ、台所になめくじが出て困っている。

気づけばいつも、ガス台の下、鍋をしまっておくスペースから、のろのろと這いずり出てくる。取り出したフライパンの裏側を見れば、まるで自分の家かのようにくっついて、くつろいでいる。

いくら外に捨てても、駆除剤を置いても、ガス台をまるごと掃除しても、すぐにまた何匹も湧いて出てくる。

今は真夏で、ここは鉄筋マンションの五階だ。棚のどこにも隙間など見当たらない。コンロ周りは湿気てもおらず、むしろ乾燥している。火が近いから、とりわけ水分が必要な軟体動物なら嫌がりそうなものなのに。

このなめくじたちはいったい、どこからどうやって侵入してくるのだろうか。

それはまったく、わからない。

ただ、「どうして」こうなったかについてなら、マコさんも見当がついていた。

ナオキが最近、自分と仲良くしているからだ。

とはいえ、ナオキと自分は、まったくもって男女の関係ではない。あくまで友人として一緒に遊ぶことが多いだけ。そもそも彼には恋人なんていないはず。

しかし、バイクレーサーで見た目もよいナオキは、そうとう女にモテる。

――あいつのこと、好きな女は多いからなあ……。

マコさんも同じレーサーだ。ナオキとはバイク仲間として、恋愛と別の信頼関係を築いているつもりだ。周囲の近しい人々だって、二人の仲を誤解しているものはいない。

しかし、人間の気持ちというのは、そうサッパリ割り切れるものでもない。

友人だろうとなんだろうと、マコさんとナオキが親しくしているのが気に食わない女がいるのかもしれない。本人すら気づかない心の奥底に、マコさんへのじめじめとした怨念を潜ませているのかもしれない。

となれば、そんな怨念がガス台の下のなめくじに化けて出てくるなんて、まさにどんぴしゃのイメージ通りではないか。

雨の降らない猛暑日が続いたが、なめくじの出現はいっこうにおさまらない。それどころか、事態は悪化していった。

マコさんが、たびたび怪我を負うようになったのだ。

ちょっと触れただけで、ガラスのコップが割れてしまい、破片が手のひらにめりこむようになった。一回や二回ではない。洗い物をしていると、食器が幾つもガシャンガシャンと割れていき、流しの水に自分の血が混じる。

それらはすべて台所周りで起こるし、割れるのもガラスだけ。ある時などは、どうしてここまでというほどに、ガラスの破片が奥深くへ食い込んだので、カッターの先でほじくり出さなければならなかったほどだ。

痛みに涙をにじませ、手を血まみれにしている自分の脇を、のうのうとなめくじが這いずっていく。

そんなことが五回も続いて、先述の疑惑は確実さを増していった。

なぜなら、ガラスが割れて怪我をしたその五日とも、自分がナオキと会う約束をした日だったからである。

——どこかの女が、自分を逆恨みしている。

しかし、それが誰なのか、皆目見当もつかない。次はいったい、どんな酷《ひど》い目に遭わされるのか……。

憂鬱《ゆううつ》な日々を過ごしていた、そんな時。

マコさんではなく、ナオキの方がバイク事故を起こした。

峠道のカーブにていきなり急加速し、ガードレールへ突っ込んだのだ。レーサーの彼が、なぜそんな意味不明なコーナリングをしたのか、誰にもわからなかった。

山中からドクターヘリで運ばれるほどの大事故だった。とはいえその救急搬送のおかげで、内臓がいたく損傷していたものの、なんとか命をとりとめることができた。

知らせを受けたマコさんは、もちろん慌てて搬送先の病院へ駆けこもうとしたのだが。

「マコちゃん、ナオキのお見舞い行くなら、うちらも一緒に行こうか……？」

バイク仲間たちから、妙な気遣いをかけられた。なにやら皆の様子がおかしいので問いただしてみたところ、ナオキにれっきとした恋人がいることが発覚した。

それも、かなりステディーな関係のようだ。事故で滞っているナオキの仕事——貴金属の加工と出荷——についても、現在その彼女が事務を采配して、なんとか食いつないでいるのだという。

「病室で確実に鉢合わせするだろうから、さすがに、ね……」

ばかばかしい。ナオキがずっと彼女の存在を黙っていたことも、バイク仲間たちの気遣いもばかばかしい。その彼女が、自分をひどく恨んでいるのかもしれないことも、まったくもってばかばかしい。

マコさんは、ひどく憤慨した。

しかし、そんな話を聞かされた夜のことだ。

ベッドに寝ていたマコさんは、「どさり」という衝撃で目が覚めた。見れば、掛け布団の上に、誰かがのしかかっている。

女だ。這うような体勢で、長い髪が前へと垂れ下がっており、顔の左側が覆われている。

その半分だけの顔に、まったく見覚えはなかったのだが。

——ナオキの彼女さんだ。

確信した。

自分を恨んでいるのはこの女だ。これまでのことすべてが、この女のせいだ。

ここまできたら、はっきりさせなければならない。

「私は」

自分の体の上を這う女に、はっきり声に出して告げた。

「あなたが私を恨む気持ちをわかっている。でも、私も気持ちにケジメをつけたの。だから、その恨む気持ちは、あなたに返すね」

聞こえているのかいないのか。女は、髪に覆われていない片目だけで、じっとこちらを睨んでいる。

もはや気持ちは落ち着いているのでひるまない。じっと相手を睨み返す。女の斜め後ろ、ベッドサイドのデジタル時計が、深夜二時過ぎを指していることまで見て取れた。

そしてまた、ベッドの脇にもう一つの人影が立っていることにも気がついた。

シルエットだけで細かくわからないが、どうも男性のようである。

こちらを睨む女と、ぼんやり立ちつくす男の影。

そのまま膠着《こうちゃく》状態が続くうち、いつしか意識を失った。

翌朝、マコさんはナオキの病室を訪ねた。

これからはもう二度と、二人きりで会うつもりはない。相手に直接それを告げずとも、自分の中でのケジメとして、最後の挨拶は交わしておこうとしたのだった。

「あ〜、マコちゃん！　昨日、夢に、マコちゃん出てきたよ。よくわからないけど、なんかメチャクチャ怒られた感じだったなあ。心臓バクバクで目え覚めちゃったし」

屈託ない笑顔で、ナオキがまくしたてる。起きた時刻を訊けば、午前二時過ぎだという。

——やっぱり。ただぼうっと立っていたの、お前だったよね。

その無神経さは、むしろすっきり気持ちの整理をつけさせてくれた。それからマコさんはもう、ナオキと関わり合いになることをやめた。

ただ、それから数ヶ月後。バイクレースを観戦しに行ったサーキット場で、ばったり彼に出くわしたことはある。

例の彼女も一緒だった。あの夜の見覚えある顔が、しかし今度は満面の笑みを浮かべて、愛想よく自分に話しかけてきた。

「なんか、ナオキがお世話になってたみたいなのに、ご挨拶もできず、すいませんでした～」

「いえいえ、色々と大変だったから、仕方ないですよね」

「そうなんですよ～。ナオキの怪我が落ち着いたのと入れ違いに、私も体を壊しちゃって」

右肩の筋肉と関節が、謎の炎症を起こしたのだという。病院で診《み》ても原因不明で、なぜかずっと治らない。肩が一定の位置から上がらず、車の運転もできず困っていたのだが、ようやくナオキがハンドルを握れるほどには回復した。

「……だから久しぶりに遠出したのが今日だったんだけど、偶然ですね～」

――ざまあみろ
心の中で、そう微笑んだ。

全部、向こうに返っていった。これでもう安心。さっぱりした。

そのまま、三人とも笑顔で別れ、それぞれの観覧席に戻っていった。
今ではもうマコさんの部屋に、なめくじは一匹たりとも出ていない。

ホシザキ

私の友人のアイソさんが、府中《ふちゅう》のスナックで聞いた話。

そのスナックのママさん――仮にアケミとしておこう――は昔、それなりに大きなパブに勤めていたそうだ。

若い頃だったとはいえ、当時すでにホステス歴を重ねた上での入店だったため、最初から中堅クラスの扱いを受けていたという。

パブのママも彼女を信用していたようで、最初からあれこれと店の内情を伝えてきた。

「このお店には、色々とアドバイスくれる人がいてね」

店の床面積からいって、客単価はこれくらいに下げた方がいい、その代わりに回転を良くしよう。軽食はこういうものを出してみよう。

などといったコンサルティングをしてくれる人物がおり、その助言に従ったおかげで、商売が上手くいっているのだという。

「常連さんですか?」

「あの人はまあ、常連というか、関係者というか……」

しかしアケミさんが具体的な情報を訊ねても、のらりくらりとはぐらかされるばかり。そんなに大切な人物ならば、自分がなにも知らずに対応して、失礼があってはいけないだろう。

しかし、あれこれ問いただしてみるものの、ママはその人物の名前すら教えてくれない。

……あまり大っぴらにできない、愛人とか、かな……？

そういえば、当該人物について語る時のママの口ぶりは、なにやら情愛があふれている感じがする。全幅《ぜんぷく》の信頼を置いているだろうことが、言葉の端々からうかがえるのだ。

「とにかく、このお店を守ってくれる人、ってことよ」

また別のタイミングで、アケミさんは先輩の女性からこんなことも聞いた。

「私がまだ右も左もわからない時よ。あの人があれこれ接待の仕方を教えてくれてね」

どうやら、ママの言う「あの人」と同一人物のことを語っているようだ。しかし先輩の言い分を聞いていくうち、そのキャラクター像が思わぬ方向へと描かれていき、アケミさんは困惑した。

「大失敗しちゃった時なんか、朝までずっと慰めてくれたりしてね……。私が今までやってこれたのも、あの人のおかげ」

……あれ？　ってことは、同じホステスの偉い人ってこと……？

しかし先輩もまた、「あの人」の具体的な詳細については語ってくれない。

特に自分は知らなくていい情報なのかもしれない。しかし気になるといえば気になる。

折に触れて出る「あの人」についての悶々《もんもん》とした謎を抱えながら、アケミさんはその店で働いていた。

そんなある日。店の営業が終わった後のことだ。

アケミさんは幾つか雑用があったため、他のホステスが全員帰った後も店に残り続けていた。それらの用も片付き、さてタクシーで帰宅するかとフロアに戻ってみると。

ママが一人、カウンターの中でグラスを傾けていた。

それは、別にいい。ママだけが居残って酒を飲む時があることは、アケミさんも承知していた。ただいつもと違うのは、ママは誰かとおしゃべりをしているように見える点だ。

「そうよねえ……本当おっしゃるとおり。いつも勉強になるわ〜。あ、そういえばまた別の話なんだけどね……」

——「あの人」だ。

直観的に、そう思った。会話の内容からして、「あの人」に相談とアドバイスをもらっているようにしか聞こえない。

しかし、おかしいのだ。カウンター内にもフロアにも、ママの他には誰の姿もない。アケミさんが入ってきたことに気づいていないようで、ママはにこやかに頷きつつ、延々独り言を続けている。

その顔の方向も奇妙だった。客が座るカウンターの外ではなく、むしろ逆、厨房側に体を向けて座っている。

さらに正確に言えば、すぐ目の前の「製氷機」へ語りかけているように見えるのだ。

アケミさんは、そっとカウンターに近づいてみた。それでも、おしゃべりに夢中になっているママはいっこうに気づかない。

声をかけるかどうか迷いながらも、ママの視線の先を追ってみると。

——あっ。

これが「あの人」か。アケミさんは、そう確信した。

ママの顔は、ホシザキ株式会社が製造する業務用製氷機へと向いていた。さらに正確に言えば、製氷機の扉の右上部分へと語りかけている。

そう、あのペンギンのシールが貼ってあるところだ。

読者諸氏も何度か目にしたことはあるだろう。もし心当たりのない人は、インターネットで画像検索をしてほしい。

円形の黒縁の中、青空と南極の氷床らしきものをバックに、横向きのペンギンが佇む図案が出てくるはずだ。

――「あの人」って、「ホシザキのペンギン」だったのか。

アケミさんは、そうっと後ずさりし、店を出た。結局、ママは最後までこちらの存在に気づかなかった。

その後も何度か、ママから「あの人」の話を聞くことがあった。

しかし今度は、アケミさんの方が話題をはぐらかすようになった。いったいどう問い詰めればいいのかわからないし、正直に訊いてみたところで、

「そう、ホシザキのペンギンよ。それがどうしたの？」

とでも返されたら、なんとも困ってしまうからだ。

例の先輩に確認してみようかとも思ったが、それも止めておいた。

……ちょっと怖いから、辞めておくか、このお店……。

懇々《こんこん》と製氷機に語りかけるママの姿は、さすがに不気味なものがあった。とはいえ、その他になにか不満があるわけでもない。ペンギンに相談するスタッフがいても、こちらに実害はない。でもやはり気分はスッキリしない……。

そんな風に悩んでいた時である。

営業中、客の一人が酔いつぶれてしまう事態が発生した。常連さんが連れてきた、初来店の男性である。

「まあ、これくらいなら救急車を呼ぶほどでもないでしょ」

ママの判断により、男性は従業員用の部屋に連れていかれた。氷囊《ひょうのう》を頭に乗せ、ソファに横向きに寝かせ、ほうっておくことにしたのだ。

一時間ほどすると、回復した男性がフロアに戻り、平身低頭に謝ってきた。

「いやあ、迷惑かけてすいません……」

いいから気にしないで、と宥《なだ》めたところ、男性はきょろきょろと店内を見渡しつつ、

「あのお、ボーイさんにもお礼を言っておきたいんだけど……」

妙なことを言い出した。しかしこの店にはボーイなど置いていない。そもそもスタッフ一同がフロアに出ていたので、従業員室に入った者などいないはずだ。

「いやいや、いたじゃないですか」

男性によれば、気持ち悪くてソファで寝返りをうったところ、頭に乗せていた氷囊がぽとりと床に落ちてしまった。

するとすぐに、誰かが氷嚢を拾って、また側頭部に乗せてくれたというのだ。

……あ、誰か介抱してくれているのか……

ぼんやりそう思ったが、いかんせん酔いつぶれているため、目を開いて確認することができない。

そうこうするうち、氷が溶けて垂れ下がった氷嚢が、ふたたびずるりと頭から床に落ちてしまう。

するとまた、誰かがそれを頭に置きなおしてくれる。そんなことが三、四回ほど続いたのだという。

……この人、ずっと俺のそばにいてくれてるのかな……

さすがに気になった男性は、うっすらと瞼《まぶた》を開いてみた。

するとすぐ目の前に、黒服を着た体があったというのだ。足元や顔は見えず、ただ胸から腰の下あたりまでが視界に入ったそうなのだが。

「真っ白いシャツに、黒くて長いジャケットを羽織《はお》っていたような……お腹がでっぷり太った人ですよ」

ただ思い返せば、そのシルエットはおかしかった。

そして大きく膨らんだ白い腹は、ずっと下まで、もはや地面につくのではないかというほどに続いていた。となると、ひどく短い足がちょこんと付いていることになる。

また黒いジャケットらしき服も、やけに体にぴったりと貼りついているようだった。そう、まるで黒い体毛のように……。

とはいえそれも数秒だけで、悪酔いに負けた男性は、また瞼を閉じてしまったのだという。


横で聞き耳をたてていたアケミさんは、はっきりと退店の意志をかためた。

女体盛り

マブチさんがコンビニ前の灰皿で一服していると、背後から声をかけられた。

「お久しぶりやな」

中学時代から付き合いのある、キモトである。

確かに久しぶりだった。少し前までは、パチンコ屋「D」にてちょくちょく顔を合わせていた。しかし近年のコロナ禍で「D」が潰れてからというもの、お互いのシマが変わってしまったのか、ずっと会えずじまいだったのだ。

「そっか、あの店が潰れて以来か……。なあ、マブチくん」

キモトは口にしたタバコに火をつけてから、こちらをまっすぐ見つめてきた。

「そういえば、面白い話あるんやけど、聞いてくれるか?」

この前、キモトは地域情報サイト「J」をチェックしていたらしい。近隣エリアの人たちで中古品を売買したり譲ったりする、地元密着型の広告掲示板である。

同サイト内にはコミュニティもあり、スポーツサークルやSNS友達を探すツールとしても利用されているそうだ。

もちろん、風俗や出会い系などのエログロ系は禁止である。しかしキモトは先日、同サイト内で、限りなくグレーに近い怪しげな見出しを目にしたそうだ。

【〇〇市内で、女体盛りをしてみませんか？】

〇〇市とは、彼らの住む山陰の地方都市である。

——なんや、女体盛りならギリOKなんか……。ま、面白そうやな。

そう思って問い合わせてみたところ、さっそく投稿者からの回答が返ってきた。ダイレクトメッセージにて日時場所などの情報を確認したところ。

——あれ？　ここってあそこやん。

例の潰れたパチンコ屋「D」の住所にて開催する旨が記されていたのだ。

「D」の建物自体は残っているので、その内部が使用できるのだという。

時間は夜十九時。家が近いこともあり、キモトは参加してみることにした。

当日、勝手知ったる元「D」の建物内に入っていくと、そこには十人ほどの男女が集まっていた。専業主婦だという中年女性もいれば、スーツを着たＩＴ関係のサラリーマン、昔のヤンキーがそのまま歳をとったようなおじさんまで。全員に共通しているのは、「女体盛り」という微妙なエロスを期待して集まった人間たち、という点だけだ。

その中に一人、キモトが前から知っている人物がいた。

「D」と駐車場を挟んだ隣の場所にて、食堂を営むおばちゃんである。

「とりあえず、うちの店でミーティングでもしましょ」

おばちゃんの指示で、全員が隣の食堂へと移動した。

とりあえず参加者全員で大テーブルを囲んだのだが、肝心の女体盛りをしてくれるであろう女性が見当たらない。

「ちょっと待ってね。今、料理つくって出してあげるから」

そう言いつつ、おばちゃんは厨房へと引っ込んでしまった。とはいえオープンキッチンなので、調理中も皆との会話に参加するし、こちらからなんの料理をつくっているかも覗くことができる。

ハンバーグだ。おばちゃんは、あらかじめ仕込んでおいた肉のタネを、参加者の人数分、せっせとフライパンで焼いているのである。

――これ、今日は女体盛りしない流れなのか……？

女体盛りの料理といったら、まず刺身だろう。まさか熱々のハンバーグを裸の上に乗せるわけもないし……。

すっかり拍子抜けという感じだったが、とりあえずキモトは色々と質問を重ねてみることにした。

「おばちゃん、俺のこと憶えてる？　よくここにメシ食いにきたんやけど」

「あ～、はいはい、よく来てたね」

「女体盛りの仕切りって、おばちゃんがやってるの？」

「いやいや、主催者はカニさんって人。今日はちょっと、おらんのやけど」

主催者がいないということは、やはり本番の日ではないのだろうか。なんだか曖昧な情報しかもらえないのだが、「結局、女体盛りはいつやるんですか⁉」と鼻息荒く問いただすのも恥ずかしい。

そうこうするうち、ヤンキーおじさんも「D」の常連だったらしいことがわかったので、話題はそちらへシフトしていった。

「そういえばDのスタッフで、サトウさんって可愛い店員さんおったよね」

「いたいた。三十代くらいの、小綺麗な子なあ」

「爆サイの掲示板には、風俗も兼業してるって書かれてたけど、ホンマかな？」

「あ～、あれは可哀そうやったな。ホンマかどうか知らんけど」

といった昔話に花を咲かせていたところ。

「うんうん、おるよ」

突然、おばちゃんが会話に割り込んできた。

「サトウさんおるよ」

「え、そうなの？」

それを聞いて、キモトの気持ちがやや復調した。

——女体盛りみたいなエロい空間に、あんな可愛い子おったら、テンション上がるなあ。今日は欠席してるみたいやけど、本番は来るのかしら……。いやもしかして、女体盛りしてくれるのってサトウさんだったりなんて……？

そんなことを考えているあいだに、おばちゃんがハンバーグを人数分、テーブルに運んできた。ぼうっとしつつもそれを口にしたとたん、キモトの全身を、予想外の驚きが駆け巡った。

「うっま！」

「ホンマや、めっちゃうまい！」

「なんや、このハンバーグ！」

周りの参加者も、次々と声をあげていく。

焼き方は適当で、大して肉汁が出ず、噛み応えもモソモソしている。しかしよほどいい肉を使っているのだろう、硬い肉を噛みしめるごとに、滋味と旨味が口いっぱいに広がっていく。

「じゃあ今日はここでお開きで。またいつやるかは、コミュニティ内で告知するからね～」

皆が食事を終えたタイミングで、おばちゃんはあっさり閉会を宣言した。

他の参加者たちも狐につままれた感じだったが、美味すぎるハンバーグを食べられたおかげもあって、特に文句を出さずに解散していった。

その夜である。

キモトは、サトウさんの夢を見た。あいかわらず男好きのする可愛らしい笑顔を向けて、こちらを見つめている。

──ああ、久しぶりに彼女の話題をしたから、こんな夢を見たんだな。

目が覚めた時はそう思った。

しかしその翌日も、その次の日も、サトウさんの夢を見た。それから一ヶ月が過ぎた今もなお、眠りにつけば必ずサトウさんが目の前に現れてくる、というのだ。

「一日も欠かさず、昨日までずっと、な」

キモトは、もはや三本目になるタバコを、灰皿に投げ捨てた。

「そっからコミュニティにも連絡してみたんやけど、カニさんって主催者はもう女体盛りの企画する気ないらしくて」

『今度、カニを提供する店を出すことになり、忙しくなってしまいました。女体盛りは、また別の機会に開催します』とのメッセージだけが返ってきたのだという。

「それで俺、思うんやけどな……」

と、マブチさんの目をじっと見つめながら。

「……カニさんのカニって、生き物の蟹《かに》じゃなくて、カニバリズムのカニじゃないんかな」

「はあ?」

「いやだから、俺が食わされたハンバーグって、人肉じゃないのかってことよ。それも実は、サトウさんだったんじゃないかってことよ」

だとすれば、自分がずっと彼女の夢を見ることも、食堂のおばちゃんの言葉「サトウさんおるよ」も、すべて辻褄が合うのだという。

「俺、カニさんが今度開いたって店も突き止めたんだけど。もしかしたら、そこでも人肉ハンバーグを出してるんじゃないかって」

「アホ言うなって。そんなわけあるか」

「まあ、そうかなあ……」

マブチさんは笑い飛ばした。

そう、確かにアホらしいといえばアホらしい話だ。

「お前はいっつも変なことばっか考えて……」

しかし次の瞬間、あることを思い出し、マブチさんの背筋が、ゾクリとざわめいた。

まるでそれに気づいたかのように、キモトはこう呟いた。

「そうかなあ……でも、そっくりだったんだよなあ」


二人が中学生の時の、とある思い出だ。

図工の授業中、派手にふざけていたキモトが、彫刻刀で親指の付け根の肉を一センチほど削ってしまったことがある。

そこまでは珍しくもない事故だろうが、その後、キモトがとった行動が変わっていた。

彼は机の上に落ちた自分の肉片を、ひょいと摘《つ》まんで口に入れてしまったのだ。

クラスメイトたちの唖然とした視線をよそに、キモトは自分の肉をゆっくり噛みしめ味わって、それを飲み込んでしまった。

そして血まみれの口で、こう叫んだのである。

「なんやこれ！　めっちゃうまいやん！」

浸かる人　1

私は温泉好きなので「温泉怪談」をよく収集している。それら体験談については、この怪談文庫でもたびたび紹介させてもらっているとおり。

さて、温泉文化が盛んなエリアといえば東北地方か九州に二分されるが、どうも「温泉怪談」となると、東北方面に偏《かたよ》りが見られるようだ。

岩手県花巻《はなまき》市の温泉地を訪れたイケダさん夫婦。

旦那の方が旅館の男湯に行くと、浴槽には一人の先客の後ろ姿が、ぽつんと湯煙に浮かんでいる。

「こんばんは」

その背中に声をかけたのだが、相手は返事どころか、振り向きすらしなかった。

多少むっとしたものの、まあいいかと洗い場に移動し、体を清める。まず頭と体を丁寧に洗い流してから、風呂に浸《つ》かるのが、イケダさんのルーティンだ。

その作業に五分、いや十分はかかったはずだ。その間もちらちらと横目で見ていたのだが、先客は身じろぎもしないまま、ただじいっと湯舟に浸かっている。

……よっぽどいいお湯なのかな……。

では自分も、と洗体を終えたイケダさんが、浴槽に足先を入れたところ。

「あっつ！」

思わず飛び上がった。

とんでもない熱さだ。風呂の温度をはるかに超えて、熱した油に触れたかと思うほどだった。考えなしに入れた足首までがジンジンと痛み、皮膚が真っ赤に染まっている。

それでも、先客は微動だにしない。すぐ近くで騒いでいるイケダさんの悲鳴や挙動にも、まったく無反応だ。

よほど無神経な性格なのだろうか。まあ、それはそれでいいとしても。

……よくこんな熱い湯に、ずっと浸かっていられるな……。

腑《ふ》に落ちないながら、イケダさんは露天風呂へと移動した。そちらは逆に平均よりもぬるい温度設定で、ゆっくり浸かることができた。

だから、また室内浴場に戻ってきた時には、かなりの時間が経っていたはずなのだ。

しかし先客はあいかわらず、浴槽の同じ場所にて、同じ背中を向けている。

さすがにゾッとした。

念のため、右手の指先だけでまた湯に触れてみたが、やはり火傷《やけど》しそうなほどに熱い。おそるおそる、先客の方に目を向ける。もしや気絶しているのではないかと危惧したが、声をかけることは思い留まった。

この熱さにもかかわらず、男――おそらく男だと思うが――の肩から背中にかけての肌が、透き通るように白かったからだ。


「ああ、出ましたか。あそこの風呂はオバケが出るので有名ですよ」

次の日、レンタカー会社に車を返却した際、それとなく話を向けると、スタッフからそんな言葉を返された。

……オバケか……。

確かに、翌朝ふたたび大浴場を訪れた時は、例の浴槽はぬるめの適温になっていた。あの時だけ超高温になっていたのは、オバケの仕業だったのだろうか。

黙って背中を向けているだけなら、別に化けて出てもらっても構わないのだが、湯を熱くされるのは迷惑だな、と思った。

浸かる人　2

こちらは青森県平川《ひらかわ》市の話。

シマノさんは十歳の息子を連れて、温泉ホテルの大浴場へと出向いた。時間はもう、深夜零時の少し前である。

シマノさんは混んでいる風呂が嫌いで、他人に裸を見られるのも苦手だった。だからあえて浴場利用時間の終了間際を選んだのだという。

案の定、脱衣場には一足のスリッパもなく、どの籠《かご》もからっぽだ。

浴場に入ってみても、洗い場や浴槽にも人影一つない
「よかった、貸し切りやな」

湯舟すぐ手前の洗面台に陣取って、息子と並んで体を洗う。

自分の体を流し終え、ふと横の息子を見ると、その手がぴたりと止まっていた。怪訝《けげん》に思って窺《うかが》えば、無表情のまま、じいっと洗面台の鏡を見つめている。

「なに?」

声をかけても返答なし。しかし息子は、視線も動かさず声も出さず、すうっと人差し指を斜めに向けて、洗面台の鏡をさしてきた。

なんやねん……と顔を前に向けたとたん、体がかたまった。

誰もいなかったはずの浴槽の中に、恰幅《かっぷく》のいい男が浸かっているではないか。

誰かが浴場に入ってきたとしたら、いくらなんでも気づかないはずがない。また、ここは浴槽にいちばん近い洗い場なので、自分たちのすぐそばを通り過ぎずに浴槽に入ることは不可能だ。

——これ、鏡の中だけじゃなくて、ほんまに風呂に入っとるんか？

そこは親子である。なんの合図もなしに、二人で同時に振り向いた。

いる。鏡の中だけでなく、確かに男が浴槽につかっている。中年ほどの歳だが、肩にかかるほどの長髪で、額は大きく禿《は》げあがっていた。

「うわ、わ、うわあ！」

親子で同時に悲鳴をあげた。それでも男はまったく動じず、目を閉じたまま、じいっと湯に浸かっている。

次の瞬間、息子が一人で逃げ出した。我に返ったシマノさんも、後を追って出入り口を目指す。そのまま脱衣場でバスタオルだけを腰に巻いて、廊下に飛び出す。

幸い客にもスタッフにも出くわさないまま、エレベーターへ乗り込めた。自分たちの泊まっている三階に到着。扉を出て、一目散に客室を目指そうとしたところで。

目の前に、女が立っていた。

やけに古くさいボロボロの着物で、頭を髷《まげ》に結った女だった。その両腕には、丸裸の赤ん坊が抱かれていた。

そして女には、目鼻がなかった。真っ白い、ゆで卵のようなつるりとした顔をこちらに向けながら。

——けたけたけたけた。

と、大笑いしてきたのである。

口があったかは定かではない。ものすごく大きな笑い声だったので、口だけは付いていたかもしれない、と今では思う。

しかしその時は腰を抜かして、ひたすら悲鳴をあげるしかなかった。

すぐ横では、息子も同じように床にへたりこみ、大声で叫んでいる。

当然といおうか、フロア中の客室から、宿泊客が飛び出してきた。ホテルスタッフもすぐに駆けつけてきた。

気がつけば女は消えていた。スタッフにいくら説明しても、まったく知らぬ存ぜぬ、なにも心当たりがないと返された。

そのホテルは、現在は閉業している。

ただ私が調べたところ、当該ホテルの立地は、その温泉地の最も古い湯治場として、江戸時代から利用されてきた場所ではあるようだ。

二人の見た人影が、やけに時代がかった恰好をしていたのも、そうした場所柄が関係しているのかもしれない。

ちなみにシマノさんの息子は現在、三十代半ばになっているが、この出来事については今も鮮明に覚えているのだという。

先輩と彼女

トオルは山形県出身だが、大学は隣接する新潟県の学校へ通っていた。

初めての一人暮らしなので、とても心細い日々を送ることとなった。とはいえ人見知りな性格が災いして、なかなか新天地での友人づくりも上手くいかない。

大学に入りたての頃は、ずいぶんさびしい毎日を送っていたそうだ。

そんな彼に、やっと親しく会話できる人間が現れた。一年先輩の、ハヤシという男子学生だ。

「一人で昼飯食っててもおいしくないだろ。一緒に食べようぜ」

明るくておしゃべり、気配りもできる上に偉ぶらないハヤシは、弱気なトオルにとって最高の先輩かつ兄貴分だった。

夏休みに入り、トオルはハヤシの住む大学近くのアパートに招かれた。彼の部屋に入るのは、これが初めてのことだった。

夕方、夏休み期間だけのアルバイトを終えたトオルが訪ねると、ハヤシはいつもどおりの笑顔で玄関を開けた。

「おお、よく来たな」

「おじゃまします……あれ、その人って？」

ハヤシのすぐ後ろに、同年代らしき女が立っていた。長い黒髪、すらりとした体型で、おしとやかな黒っぽいワンピースを着こなしている。ちょっとしたアンティーク・ドールのような雰囲気を漂わせる女性だった。

「おお、俺の彼女。うちらと同じ大学な」

「あ、どうも……。でも学内で会ったことないですよね」

「キャンパスが別のところだから。俺と会う時以外は、こっちに用事ないもんな」

こくり、と女性が頷いた。

「……ナカムラ・アイコです」

おしゃべりなハヤシとはずいぶん印象が違う。無口で控え目な、お嬢様タイプのようだ。自己紹介が終わった後の彼女は、もうずっとハヤシの言葉に相槌を打つだけ。もしかしたら、単語二つ以上の会話すらしなかったかもしれない。

ナカムラ・アイコがつくった夕食を食べ、ゲームをして時間を過ごしているうち、夜もすっかり更けてきた。

「おい、ドライブ行こうぜ」

そこでハヤシが、唐突にそんな提案をしてきた。

時刻は午前一時を過ぎている。なぜこんな深夜に……と疑問に思ったものの、お世話になっている先輩の誘いは断りにくい。

「面白いところに案内するから」

夜景のきれいなスポット？　いやこんなに夜遅いから……野生の鹿のグループでも観察しに行くのかな？　そんなわけないか……。

色々な想像を膨らませていたのだが、到着したのは車で十分ほどの、なんら変哲のないコンビニの駐車場。

「……先輩、ここですか？」

たずねるトオルにハヤシは「まさか」と首を振る。

「心配すんな。ここから少し歩いた先だ」

そういって先導していくハヤシだが、進んでいくのはただの住宅街。面白いもの、変わったものなど一つもありそうにない。

やがてハヤシが「そこだよ」と指をさした。

「……いや、ただの道路ですよね」

目の前にあるのは、公園と小学校を挟んだ二車線の道路。そしてそれをつなぐ歩道橋だけだ。

なにがなんだかわからないまま、三人で歩道橋を上っていく。すると橋の真ん中まできたところで、ハヤシが足を止めた。

続いて、肩にかけていたショルダーバッグから薄いファイルを取り出すと、トオルに「これ読むから照らしてくれ」と懐中電灯を手渡してくる。

ファイルに光を当てると、それがたくさんの新聞記事を貼りつけたスクラップ帳だとわかった。

「えーっと……お、これこれ」

数ページめくったところで、ハヤシはその手を止めた。

覗き込んでみると、四日前の日付の記事である。公園で遊んでいた幼稚園児がボールを追いかけて道路に飛び出し、車に轢《ひ》かれて死亡したという内容。

ああ、そういえばこの事故、テレビのローカルニュースでも見たな……と思っていると。

「八月十日、午後三時ごろ！　新潟市○○区△△の路上で！　幼稚園児※※ちゃん、かっこ五歳かっことじる、が！　走行中の乗用車に！」

ハヤシは真夜中にもかかわらず、記事を大声で読みあげだしたのである。

「ちょ、ちょっと、先輩」

思わず声をかけたが、ハヤシは耳を貸さずにその短い記事全文を音読しきった。そしてさらに、思わぬ行動に出たのである。

「――という事故がありました。って、あのなあ……両方ともなにやってんだ！　赤信号で飛び出すガキは轢かれるべくして轢かれてんだよ！　自殺といっしょ！　またこの運転手だって、クソジジイじゃねえかよ！　反射神経ナマってるくせにハンドルにぎってんじゃねえぞ！」

運転手はおろか、事故で亡くなった子どもまでをも、口汚く罵りだしたのである。優しい先輩だったハヤシのあまりの変わりように、トオルは唖然としたままその場にかたまってしまった。

「これはもう、劣等生物は駆逐《くちく》されるという当然の現象なのです！　起こるべくして起こった事故、自然の摂理！」

ナカムラ・アイコはといえば、あいかわらず人形のように穏やかな様子で、この異様な光景を、微笑みながら見つめている。

「そう！　死ぬべきやつは！」

数々の悪口を並べたてた末、ハヤシは大きく両手を上げて。

「死ぬだけなんです！」

――パチパチパチパチパチパチ！

深夜の住宅街に響けとばかりに、全力で拍手をし始めた。

耳ざわりな音でようやく我に返ったトオルは、慌ててハヤシを止めに入った。

「なに考えてんだ、あんた！　これが面白いことですか！」

しかしハヤシは、そんなトオルの激怒もいっこうに気にすることなく、

「終わったから帰るぞ」

さっさと歩道橋を下りていってしまった。続いて、ナカムラ・アイコもゆっくりその後を追っていく。

……こんな男を慕《した》ってたのかよ……

ハヤシの本性を目の当たりにしたトオルは、失望のあまりそこに座りこんでしまった。

翌日以降、トオルはなるべくハヤシと距離を置くように心がけた。

大学内で話しかけてきても生返事するばかりで、もう昼食をともにすることもなくなった。その代わり、がんばってクラスやバイト先の仲間に話しかけ、新たな友人関係を築こうとした。

とはいえ二週間ほどすると、ハヤシもさすがに反省したのか、下手に出るような態度で声をかけてくるようになった。

「なあ～、この前は悪かったよ。謝りたいから、今夜はちょっとつきあってくれよ～」

頭を下げつつも、誘いはしつこく強引だった。何度断ろうと引き下がらない相手に根負けして、トオルはふたたびハヤシのアパートを訪れた。

部屋にはやはりナカムラ・アイコがいて、二週間前と同じように手料理をふるまってくれた。

「これ、ごめんなさいのカレーだから。アイコが心を込めてつくってくれたんだよ。じゃんじゃん食べてくれよ」

しかしこちらとしては、あの夜の不快な記憶がよみがえってしまい、味もなにもわからない。ただ口に運ぶだけの味気ない食事が終わると、ハヤシはいそいそと身支度を始めた。

「今夜は遠出だから、もう行こうか」

「は？　なに言ってんすか？　また事故現場でも行くつもり？」

トオルが強い口調でとがめたのだが。

「いやいや、海に行くだけだって。静かな夜の海を見ながら、どうでもいい話を語り合いたいんだよ」

無理やりに近いかたちで、ハヤシの車に乗せられてしまった。

新潟県という土地柄、車なら短時間で日本海側に出ていける。そうして連れてこられたのは、県外のトオルには名前すら聞き覚えのない、どこかの浜辺だった。

いちおう海水浴場のようだが、もう夏も終わりの時期で、夜中ということもあり、人の気配はまったくない。

……どうせ今度は、この海で溺死した人をけなすんだろう……

もはや不信感でいっぱいのトオルは、あきらめに近い感情で、ハヤシを睨みつけた。

ただ、そこであることに気づいた。

この前のハヤシは、新聞記事を貼りつけたスクラップ帳と懐中電灯を入れたショルダーバッグを持っていたはず。しかし、今回は手ぶらだ。ということはやはり、ただ海に来たかっただけなのか。

そんなことを考えているうち、ハヤシはすたすたと波打ち際に近づき、大声でこう叫び始めた。

「七月十三日！　この海で、ナカムラ・アイコというバカ女が溺れ死にました！」

……は？　なに言ってんだ、こいつ？

今言い放ったのは、自分のすぐ横にいる彼女の名前ではないか。

「あのバカ女は、この海で死んだんです！　溺れて海水をバカみたいに飲んで！　バカにふさわしい死に方で、確かに死んでしまいました！」

思わずそちらを振り向くと、ナカムラ・アイコも意外な言葉に驚いているのだろう。目を見開き、まっ白な顔をこわばらせている。

ハヤシは、後ろに立つ二人をいっさい気にすることなく、延々と彼女の悪口を並べ立てたあげく。

「そんなバカのために、俺は葬式にまで出てやったんだ！　感謝しろ！　ありがたく思え！」

黒々とした海に向かって、悲鳴のような声を投げつける。

「ナカムラ！　アイコは！　死んだ！　ここで！　死んだ！」

と、そこで全身の力が抜けたように、ハヤシはその場にくずれ落ちた。

「え、ちょっと」

トオルとナカムラ・アイコは、うつぶせになったハヤシに駆けよった。しかし顔をたたこうと、海水をかけようと、まったく目を覚ます気配がない。

こうなってしまったら仕方ない。二人でハヤシを引きずるようにして車に乗せ、そのままトオルが車を運転し、帰宅したのである。

それからというもの、ハヤシはずっと大学に顔を見せなかった。

いきなり倒れてしまうほどの体調だったから、部屋で寝込んでいるのだろうか。少なくとも、あの精神状態では学業どころではなくなっているはずだ。

このまま学校に来なければいい、とトオルは思っていた。というより、いっそのこと、もう退学してくれ、と祈ってすらいた。

そんな、くさくさとした気持ちで過ごしていたある日。

トオルの携帯電話に、見覚えのないアドレスから一通のメールが送られてきた。

「お久しぶりです。ナカムラです」

ハヤシの彼女だ。なぜ自分のメルアドを知っているのだろうか。

最初はひどく警戒したが、送られてきた文章は、あくまで真面目なものだった。

どうやらナカムラ・アイコの方も、ここ最近ずっとハヤシと連絡が取れていないそうだ。

携帯電話も通じなければ、下宿先のアパートにも帰ってきていない。少しでも心当たりがないか知りたいので、会って話を聞かせてほしい……ということだった。

正直、この女とも再会したくなかったのだが、事情が事情だけに、無視もしにくい相談である。

「ぼくは、二度も嫌な目にあったので、正直もうハヤシさんと関わりたくありません」

これまでの出来事に対する自分の気持ちを伝えた上で、トオルは次のようなメールを返信したのだった。

「それでも知っていることを話すだけでいいなら、明日、ハヤシさんのアパート近くの喫茶店で会いましょう」


翌日、トオルは待ち合わせ時間にやや遅れて喫茶店に到着した。

それでもナカムラ・アイコは、まだ到着していないようだった。適当な席に座って待っているうち、一人の女性客が来店してきた。そしてあたりを見回した後、「お待たせ」とこちらに近づいてきたのだが。

「あの……どなたですか？」

「はい？　やだ、私だって。ナカムラ。もう忘れちゃったの？　ひどいなあ」

トオルは言葉を詰まらせた。

確かによくよく注視すれば、その声も、顔の目鼻立ちも、記憶の中のナカムラ・アイコとそっくりである。

しかし目の前の女性は、茶髪のショートカットで、小麦色に日焼けしている。ファッションについても、すでに秋口にさしかかっているのに上はTシャツとパーカーだけ、下のショートパンツからは健康的な素足が剥きだしになっている。

あの長い黒髪で色白の、病弱そうだった面影がさっぱり消えているのだ。

「ナ、ナカムラさん？　ずいぶんイメチェンしましたね」

そう感想をのべると、相手は怪訝な顔で、じろりとこちらを睨みつけた。

「は？　どういうこと？　そりゃ、あんたと会ってないうちに美容院くらい行ってるけど、別に髪型なんて変えてないし。忘れっぽいくせに、細かいところ気にするタイプ？」

こちらの一言に対し、ハキハキと大量の言葉を返してくる。やはり数ヶ月前の彼女とはあまりにも違う。

「それよりさ、昨日返信くれたメール読んだけど、『海に行った時も』とかなんとか、あれってなんのこと？　私、その前日から運転免許を取るために、友だちと合宿に行っていたんだけど」

「え、いや、勘違いしてますよ。八月の終わりに、夜の海に行った時のことですよ」

しかし相手はまったく心当たりがないと主張する。さらに話を詰めていくと、初めて会った日のことについても、二人の記憶は食い違っていた。

「いやいや、手料理ってなに。逆に笑えるんだけど。そもそも私、ぜんっぜん料理できないし。あの日は三人でファミレスで晩ご飯食べて、それからカラオケ行ったじゃん。そんで深夜まで歌った後、ハヤシくんの車であんたを家に送って、そこで別れたでしょ」

まったく記憶が噛み合わない。話せば話すほど、どんどん頭が混乱していく。

「でもそれが、私がハヤシくんに会った最後だよ」

その三日後から免許合宿に行ったからだという。合宿中もハヤシへメールを出したが、いっこうに返信なし。電話も通じない。半月後、ようやく訪ねたアパートの部屋は、もはや無人になっていたらしい。

「大家さんに聞いても、ずっと前から帰ってきてないって言われるし。なにか手がかりがないかと思って、部屋に入らせてもらったら」

カレンダーの中に、奇妙なメモを発見した。


――八月三十日。海。必ずトオルを連れていくこと。


といった内容の走り書きだった。乱雑な文字のため、ハヤシの筆跡かどうかは判別できなかったそうだが。

「でも、あんたならハヤシくんの居場所を知っているんじゃないかと思って……」

そう言われようと、こちらだってお手上げだ。自分の知っている情報はなにもないと告げると、ナカムラ・アイコは渋々ながらも引き下がっていった。

結局、ハヤシはそれから完全に姿を消してしまった。

噂によれば、両親が学校と連絡をとり、退学という扱いになったそうである。

とはいえ誰も彼と会っていないため、実家に帰ったのかどうかすらもわからない。

どこでどうしているのか、なんら情報は入ってきていない。

当時の彼の状態を思えば、もし生きていたとしても、どこかの病院で心の治療を行っているような気がする。

それはもう、どうだっていい。

そんなことよりもずっと、トオルが不気味に思っていることは。

「二人のナカムラ・アイコです。喫茶店で会った、健康的でサバサバしたナカムラさんが、アパートで会った彼女と同一人物とは思えない」

それらをまったくの別人と割り切れたらいいのだが、そう断定するわけにもいかない。

「顔立ちと声はそっくりだし、なにより彼女はぼくのことを知っています。一緒に遊んだことも憶えてると言ってます。もっとも、その日の記憶はお互い違ってますが……」

ナカムラ・アイコは二人いるのだ。こうなったらもう、そう考えるより他はない。

「いや、もしかしたら、それすら違うのかも……」

あの時、夜の海に向かって、ハヤシは叫んでいたではないか。

海で溺死し、自分も葬式に出たというナカムラ・アイコ。

そちらもカウントするなら、「三人目」までいることになってしまう。

試しにハヤシの立場になってみたら。彼の言い分が正しいと想像してみたら。

海で溺死して、葬式をあげたはずの、自分の恋人ナカムラ・アイコ。

しかしその後、顔も声もそっくりで、性格だけが別人のようなナカムラ・アイコが現れたとしたら。

まるで死んだ事実などなかったかのように、自分の恋人としてふるまってきたとしたら。

もし、そんな状況になったら、誰だっておかしくなってしまうだろう。あのハヤシの奇行も、そこから説明がつくのかもしれない。

そう、本当に不気味なのはハヤシではなく。

ナカムラ・アイコの方ではないだろうか。

島の風呂屋

三十年と、少し前。サガオさんが小学三年生に進級する春のことだ。

父の仕事の独立を機に、家族は母親の実家がある九州の離島へと引っ越した。

離島といってもそれなりに大きな島で、一通りの商業施設は揃っている。また母方の祖父母に会いに頻繁に訪れていた町なので、土地勘はそれなりにあった。

とはいえ、これから住むにあたって、じっくりと近所を探索しなければならない。

サガオさんは三つ下の弟を連れ、島内の冒険に出かけることにした。

中心部の商店街をチェックしたり、駄菓子屋に入ったり、これから通う学校の校庭を走ってみたり……。

めぼしいところを見て回ると、今度は細い裏路地へと興味が移っていった。

離島の集落というのは、うねくった路地が迷路のように入り組んでいるものだ。

海の町ならではの漁師小屋や、当時ですらめったに見かけなくなった棟割《むねわり》長屋。

軽トラ一台がやっと通れるほどの道が、幾つもの辻となって交差しつつ、無数の木造家屋がにょきにょきと建ち並んでいる。

祖父母の家にある、母の幼少期を捉えた白黒写真の風景そのものだ。

まるでタイムスリップしたような感覚に、子どもながら胸を踊らせて駆けずり回った。

そんな兄弟の足は、ふと一軒の建物の前で止まった。

大きな平屋建ての建築で、古いコンクリートか、くすんだ茶色の土壁かわからないような外観をしており、中央に木の扉が設置されている。

「お兄ちゃん、あれって、あれやろ？」

二人の視線を奪ったのは、屋根越しに見える大きな煙突と、扉の上に書かれた消えかけの湯けむり印だった。

「……これ、サザエさんに出てくる、『銭湯』っちゅう奴じゃなかか⁉」

彼ら兄弟にとって、銭湯なるものはテレビアニメかマンガに登場するだけのもので、実物があるとは思いもよらなかったのだ。

一気にボルテージが上がり、なんとか中を見たいという欲求が湧いてきた。

しかし正面の扉は、木の板が何枚も打ち付けてあり、どう見ても人の侵入を拒絶している。そこで引き返せばいいものを、兄弟たちは　正面から見て右斜め上に嵌《は》めこまれた、小さな窓に注目した。

乳白色の曇りガラス、外側は木の格子の、やはりレトロな格子窓だ。

「ここから、中のぞけるな」

近くにあった居酒屋のビールケースから瓶だけを抜き、幾つかを拝借。それを階段状にして登り、爪先立ちでやっと届く高さまで到達できた。

兄弟二人、格子の間から手を差し込み、指先で窓をこじ開けようとした。思い返せば、かなりの時間をかけて悪戦苦闘していたはずだ。指先がしびれ、手首が痛くなってもまだ諦めきれず、なんとかガラスを横に動かそうとしていたところ、

——ガラガラガラ！　ピシャン！

突然、窓がすごい勢いで全開となった。自分たちの力ではなく、なに者かによって内側から開かれたのだ。

「なんばしよっとか！」

メガネをかけた白髪頭の、いやに顔の長いおばあさんが、建物の中から大声をあげた。

怒鳴りつけられたサガオさんは面食らったものの、

「ここに温泉のマークが付いとるけん、なんの建物か気になって……」

と絞りだすように返答した。

「温泉のマークが付いとるとやけん、銭湯に決まっちょろうが。なんばいいよっとな、こ

ん子は！」

おばあさんは呆れたように叫んだかと思うと、また「ガラガラガラ！　ピシャン！」と轟音をたてて窓を閉めた。

兄弟は顔を見合わせた。弟はいきなり大人に怒鳴られたせいで半べそをかいている。

一方、サガオさんも不愉快になってはいたが、それ以上に疑問の方が強かった。

なんだろう、おかしいな。

あの窓が開いた時も、閉まった時も、曇りガラスの向こうには、なんの人影も映らなかった。いくら半透明でも、シルエットくらいは見えるはずだろうに。あの顔の長いおばあさんは、まるで瞬間移動して現れたかのようだった。

いや、それよりもなによりも。窓が開いた瞬間から閉じるまで、ハッキリと聞こえていた、あの喧噪《けんそう》。

大勢の人々が話す声、様々な物音に、ラジオの音声……。賑わう活気を感じる、あの音はなんだったのだろうか……。

とはいえもう時刻も遅いので、家に帰らなければならない。

銭湯の細い脇道から、商店街の通りへと抜けられるようなので、そちらに歩を進める。

銭湯の建物は表側半分がコンクリートで、後ろ半分はレンガ積みの建築になっているようだった。その去り際、建物の裏側が視界に入ったのだが。

そこには、がらんどうの空間が広がっていた。レンガが崩壊して、内部の壁も取り払われているため、男湯・女湯どころか、脱衣場らしき場所までがすっかり見渡せるのだ。浴場らしき名残《なごり》はあるものの、それはもう完全に崩れた「廃墟」に他ならなかった。

あれ、じゃあ、あのおばあさんはどこに……？

しかし、そこはまだ子ども。多少の違和感を覚えたものの、それ以上の追及はせず、やがてあの奇妙な老婆の存在も忘れていった。

ただそれ以降ずっと、元・銭湯の廃墟に近寄った記憶もないので、無意識に避けていたのかもしれない。いつ取り壊されたのかもわからないうちに、そこは空き地になってしまっていた。

そして、高校生になったころである。

折からのJホラー映画ブームで、サガオさんの周りでも怪談めいた話題がよくのぼるようになっていた。それまですっかり銭湯の件を忘れていた彼だったが、

「そういや昔さ、銭湯みたいな建物があって……」

すると弟も憶えていたようで、うんうんと頷いてくる。

「今思えば、あの時のおばあさん、なんだったんやろうな？」

サガオさんがそう続けたところ弟は「なんのこと?」と怪訝《けげん》な顔をしてきた。

「覚えとらんや? 窓の開いた時、おばあさん出てきたの。ほら、白髪のメガネかけた割《かっ》烹着《ぽうぎ》きた、やけに顔の長い……」

「違う!」

自分の説明が、いきなり遮られた。いつのまにか弟はひどく動揺し、青ざめた顔をこちらに向けている。

「俺が見たの、おばあさんじゃなか!」

弟が見たのは、老人の男だった。禿げたおじいさんで、メガネはしていない。どんな服か憶えてないが、絶対に割烹着ではない。

弟は、サガオさんが嘘をついたり、からかったりしているわけではないとよく理解していたのだろう。震える声で説明すると、もう二度とその話は止めてくれ、と部屋を出ていった。

……なんや、あんなに怯えきって……。

しばらくして、風呂場の方からとてつもない悲鳴がとどろいた。

慌てて家族が駆け込むと、入浴中の弟が、洗い場で腰を抜かしているではないか。

「風呂場の窓を、なにかが覗いてきた」

必死に、泣きながら、そう弁明していた。素っ裸の下半身から、じょろじょろと小便を漏れ出させながら。

「まあ、どうせ猫が横切っただけかと思いますけどね……。それよりなにより」

涙を流して失禁しながら、弟が恐怖に慄《おのの》く様子を見て、サガオさんは心の底から愉悦を覚えた。

それがキッカケとなって、サガオさんは怪談にのめりこむようになってしまったそうである。

漂着物

北海道の、とある島での話。

島出身のモリミさんが私に教えてくれた、二〇〇二年頃の出来事である。

当時、中学生だったモリミさんの家で、父親と友人たちとの飲み会が開かれた。

モリミさんも料理やビール瓶を運ぶ手伝いをしていたので、なんとなく話の輪に参加していたのだが。

「この前、おかしな客が来たんだよ」

島の岬で土産《みやげ》物屋を開いているAさんが、そんなことを言い出した。

「あれは観光客のハイカーだな。ちょっと青ざめた顔で、うちの店に入ってきたんだ」

島の西海岸は、人が住めないほどの急斜面なので、代わりに南北に続くハイキングコースがつくられている。

そこに広がっているのは、北の島ならではの特別な風景だ。海を一望できる低い場所にもかかわらず、ふつうなら標高の高いところにしかない高山植物の宝庫となっているのである。

この唯一無二の絶景を求めて、遠方から何度も訪れてくるハイカーは数多い。

さらに、周囲に遮るもののない海が、はるか遠くから様々なものを浜辺へと運んでくる。

いわゆる「漂流物」「漂着物」だ。

すぐそばのロシアからはもちろん、中国語やハングル語の書かれたゴミが海岸に打ち上がるのもしょっちゅうだ。まあ、それだけであれば、日本海側の地域なら珍しくないだろうけれど。

北海の離島だからこそ目にできるものもまた、あるのだという。

例えば、漂流船。人が乗っているのかいないのか、怪しげな船が流されてくることも、その船がしばらく海岸近くに停滞していることも、稀《まれ》に目撃されるというのだから、どうしても某国の工作船を思い出してしまったりもする。

またその他に流れつくものといえば……。

と、ここからが土産物屋のAさんの話の続きだ。

島の西海岸は、今では落石と波の危険から、観光客が海岸を歩くのは禁止されている。

しかし当時は、歩きなれたハイカーなら海の方に降りていくことも多かった。

店に駆け込んできた若者も、そのクチのようだった。何度もこの島に来ているらしく、自分が歩いてきたルートや場所の説明が、具体的でわかりやすかった。

「○○の地点から××岩を目指して、海岸に沿って歩いてたんですが……その途中で、見つけちゃったんですよね」

一直線に続く海岸の向こうで、岩場に打ち上げられた、白いもの。

遠目からでも、それがなんなのか見当がついた。

「骨」だ。頭から背骨にかけての、上半身の骨。

それも、人間の死体に見えた。

(まずいことになったぞ……)

とっさに、若者はそんなことを考えた。人間の死体といっても、おそらく事件性はなく、海難事故か飛び込み自殺によるものだろう。

とはいえ、それでも発見者は警察に通報しなくてはならない義務が発生する。昔のことなので、そのエリアでは携帯電話の電波が入らない。となると、どこか電話が借りられる場所まで、急いで向かわなくてはいけないのだ。

(せっかくの休みに、はるばるこの島まで来たのになあ)

そんなことになったら、半日はつぶれてしまう。下手をしたら、今日は自分の時間がまったく持てないかもしれない。

あれこれと考えているうち、「骨」との距離が縮まっていく。

ほぼガイコツに近いのだが、あちこちに皮がこびりついている。手足はとれてしまったのだろうか。残された頭がい骨と背骨、肋骨だけが、浜辺の岩に横たわっている。

……いや、待てよ

すぐ近くまできたところで違和感を覚えた。「骨」をよく観察してみると、頭がい骨のかたちがおかしい。丸っこいかたちは人間らしくもあるのだが、口蓋《こうがい》がぴょこんと前に飛び出しているのだ。

その出っ張り方が、あまりにも大きい。まるでクチバシのようだ。しかし鳥のクチバシと明らかに違うのは、ずらりと歯が並んでいること。

……これって、もしかして……。

「それは、イルカじゃないかな」

話の途中で、Aさんが意見をすべりこませた。

このあたりの海岸に、イルカやトドなど海獣の死体が打ち上げられるのは、実はけっこうよくあることだ。

彼らは同じ哺乳類《ほにゅうるい》なので、頭がい骨や背骨のかたちが人間と似ている。しかしイルカの頭なら、前に長く突き出た口蓋に、歯がずらりと並んでいる。そこが、人間とまったく異なる点だ。

「そうですよね。ぼくもイルカだと思ったんです。そこでちょっと安心したんですが……」

その死体に、あるものを見つけた。

それほど驚くべきものではない。なんということのない、日常的なものだ。

ただし、それがイルカでなければ、だが。

若者の体に寒気が走った。慌ててその場を立ち去り、周囲をうかがいながら足を早めた。海岸を歩くことも気味悪くなったので、遊歩道の方に上がる。気がつけば駆け足となり、人の姿を、民家を探して進んでいった。

なんとか集落まで出られたところで、この店に駆け込こんできたのだという。

「……歯、なんですけどね」

顔をしかめながら、若者がつぶやいた。

「下の奥歯に一本だけ、『銀歯』があったんですよ」

その一本だけまるまる、銀色のつくりものの歯が差し込まれていた。歯医者でつけてもらうような、きちんとした義歯である。

しかし野生のイルカが、医療処置された人工物を嵌めているはずがない。いや、水族館のイルカにしたところで、そんな治療をしたなどという事例は聞いたことがない。

これは、いったいどういうことなのだろうか。この北の海の島で、誰かがひっそり、なにやら秘密めいた行為をしているのだろうか。

ただ人間の死体を発見するよりも、ある意味で、もっと気味の悪いものを見つけてしまった……。

暗い面持ちで、若者は去っていったそうである。


そんな話を、モリミさんが聞き及んだのが二〇〇二年のこと。不思議なエピソードだと思い、中学時代からずっと記憶していた。

しかしそれからずっと後、思わぬところで、また別角度からの証言を目にすることになる。掲示板『2ちゃんねる（現・5ちゃんねる）』に、これとほぼ同じ体験談が投稿されていたのだ。

オカルト板「∧∧山にまつわる怖い・不思議な話Part77∧∧」の、738〜739がそれにあたる。投稿者の文章を信じるならば、書き込んだのは「若者」本人だろう。日時は二〇一五年七月一二日の深夜零時直前。この夜、投稿者はふいに十三年前の体験を思い出し、なにげなく2ちゃんに発表したのかと思われる。

ちなみにその文章の中で、イルカの口の銀歯については、

「ただこの話をなんでここに書いたかというと、いろいろ動揺していて後で思い出したんだが（後略）」

と書かれているのだが、これは投稿者の記憶違いだろう。当日、土産物屋のAさんに銀歯のディテールを語っているのは確実で、だからこそモリミさんにまで同じ話が伝わっているのだから。


そして、外部の人間である投稿者が知らない「後日談」もある。

若者が去った後、Aさんは、すぐに役場に連絡した。

国立公園の敷地となるので、漂着したのがイルカの死体であっても、なるべく早めに片付なければいけないからだ。

連絡を受けた役場の回収班は、若者の示したポイントまで向かった。

おじさんも好奇心から、その現場へと合流しに行った。

「でも、なんにも見つからなかったんだよ」

沖へと押し戻されるはずはない。漂着して岩場に乗っているものが動くとすれば、むしろ海岸よりも丘の方に押しやられ、最終的には波の届かないところまで移動するはずだ。トドやイルカが打ち上がっても、よほど天候の急変でもないかぎり、波で押し戻されることはない。そうでなければ、そもそも浜辺に漂着しないからだ。

当日は、さきほどまで若者が海岸を歩いていたことからわかるとおり、温暖な日和である。初夏という時期からしても、海に戻すほどの高波がきたとは考えられない。また、大型の海鳥もいない時期なので、骨が荒らされるはずもない。

しかし現に、その骨は消えてしまったのである。

もちろん、若者が狂言をしかけた可能性はある。現に土産物屋のAさんは、騙されたかもしれないと疑ってはいた。

しかし十三年後、2ちゃんねるへ同じ体験談が投稿された状況からして、彼が嘘をついたとは考えにくい。

銀歯をしたイルカは、どこに行ってしまったのだろうか。

あるいは誰が、そのイルカを持ち去ってしまったのだろうか。

仏間に寝てから

ヨシヒロさんは小学校からずっと大阪在住だが、出身は東京だ。

なので東京の本駒込《ほんこまごめ》にある伯父夫婦の家には、幼い頃から何度も泊まりに行っていた。

あれは十歳の時だった。

ヨシヒロさん家族は、法事かなにかの用で、本駒込の家を訪れていた。

その夜は、他にも親戚が寝泊まりしていたのだろうか。ふだんは寝室として使わない仏間にて、ヨシヒロさん一人が寝ることとなった。

八畳の部屋で、壁際には立派な仏壇が置かれていた。ここが本家筋のためか、大量の位牌がずらりと並べられた、特別に大きな仏壇だった。

そちらに頭を向けるかたちで布団を敷いてもらい、就寝した。

そして真夜中である。

ヨシヒロさんは突然の違和感に目を覚ました。人生で初めての金縛りである。

――なんだこれ、いったい。

頭ははっきり目覚めているのだが、体を動かすことも声を出すこともできない。かろうじて動くのは瞳だけだが、あたりは漆黒《しっこく》の闇である。

もちろん消灯はしていたものの、この仏間はこんなに暗かっただろうか。

――いや、違う。

そこは仏間ではなかった。また、自分は寝てもいなかった。

立っている。動かない体で直立しているのだ。

その足元には、ぱしゃぱしゃと水が打ちつける感触がする。

そうこうするうち、周囲の風景がじんわり見て取れるようになってきた。

自分は、広い池か大きな川のほとりに立っている。周囲はすっかり暗闇ながらも、遠くの方では、山々の連なる影がうっすら浮かびあがっているような気がする。

まったく見覚えのない、ほとんど真っ暗な場所に、体が動かないままとり残されているようだ。

そうこうするうち、なぜ遠くの山の景色だけが見えてきたかの理由がわかった。

その山裾に沿って、小さな明かりがぽつり、ぽつり、と灯っているのだ。しかも次々と灯る明かりそのものが、山からこちらへ向かって飛ぶようにして近づいてきた。

それは火の玉だった。オタマジャクシのような形で、その尾っぽが一メートルほどもあるような細長い火の玉が、十か二十、いや数限りなく浮かんでいる。

ぽつり、ぽつり、ぽつり……

火の玉たちは、自分を囲むかのように増えていく。あれよあれよという間に数を増し、気づけば膨大な群れとなって、自分を包み込んでしまった。

焼かれる、あるいは押しつぶされる。そんな恐怖が込みあげてきたが、逃げることはもちろん、助けを呼ぶ声すら出せない。

もはや全身が火の玉たちに包まれ、視界はすべて炎に覆われた。

──死ぬ。

そう確信したところで、

「うわあああああっ！」

なんとか叫び声をあげることができた。

その瞬間、あたりの風景がガラリと変化した。

元の仏間へと戻ったようである。見覚えのある板張りの天井が、目の前に広がっている。

ようやく悪夢から目覚めたのである。しかしこの時はそう考える余裕もなく、

「ああああああ！」

生命の危険を脅かされたものが叫ぶような悲鳴を、しばらくあげ続けていた。

「おい、どうしたっ」

騒ぎを聞きつけた伯父と伯母が、がらりと襖《ふすま》を開け、大あわてで仏間に入ってきた。

そこでようやく、ヨシヒロさんは我に返ったのだが、

「いやあああ！」

今度は伯母が、かん高い叫び声をあげた。

一拍置いて、ヨシヒロさんもその悲鳴の理由がわかった。

自分の両足が、仏壇の中に入っていたのだ。

線香もリンも供え物も、大量に並んだ位牌も、すべて畳の上にぶちまけられていた。それらの上で自分は、逆立ちに近いかたちで、ピンと揃えた両足を観音開きの奥へと突っ込んでいる。

仏壇は下の台も大きいため、扉までの高さが八十センチはある。当時のヨシヒロさんの身長は、百四十センチ強だ。

とても寝相の悪さでは説明がつかない。そもそも、自分一人の力でこの無理のある体勢をとれるかどうかすら怪しい。なにしろ伯父と叔母が、自分を仏壇から引っこ抜くことに手間取ったほどなのだから。

ようやく畳の上にヨシヒロさんを寝かせた後、伯父さんはこうつぶやいた。

「もしかしたら、お前、ご先祖さまに連れていかれかけたんじゃないか」

そして伯母さんの方は、次のようなことを告げたそうだ。

「あんたはこれから、色々なものが視えるようになるよ」

その忠告は当たっていた。

それから現在まで、五十年ほどが経つ。

そのあいだ、ヨシヒロさんは折に触れて、人ではないのに人のようなかたちをしたものたちの姿を、幾度も見かけることとなったそうだ。

荻原直樹

タクヤと申します。二十二歳で、今は川崎で仕事をしています。

ただ出身は埼玉県の東松山《ひがしまつやま》でして、その中学校の時の話を伝えようと思います。

吉田さんの本に載せてもらえれば、誰かがなにかの手がかりを連絡してきてくれるかもしれない。そう思ったので、今回、連絡させていただきました。


中学校の時、自分は塾に通っていました。

その塾つながりで、学校が別々の友だちグループが出来たんですね。だんだん人数も多くなって、最終的には五、六校のやつらが十五人くらい集まっていました。中には塾に行っていないやつまでメンバーに加わってきたりして。

仲は良かったですね、すごく。一緒にそれぞれの家で遊んだり、全員で夏祭りに行ったり。

それでもさすがに、高校受験が近くなったころには集まるのも控えていました。

で、今から六年前、自分が中学校を卒業した時のことです。

受験終了と卒業祝いをかねて、かなり久しぶりに、皆でご飯を食べようということになりました。まず塾で集合して、ファミレスのココスで食事をしようという計画です。十二人でした。今でも、はっきり覚えています。約束したのは、総勢で十二人。

ただ待ち合わせには、その中の一人だけが来なかったんです。

まあいいや、遅れてくるんだろう。そう思って、とりあえずココスに移動して晩飯をわいわい食ってたんですが。

そいつ、いつまで経っても姿を見せないんですよ。

そのうち、誰かが電話かメールで連絡をもらったんですかね。

「おいおい、大変だぞ」

と、なにやら騒ぎだしたんです。

「なんか、こっちに来る途中で、あいつの乗ってた自転車が車にはねられて、入院したらしいよ」

もちろん、全員がビックリしました。

「じゃあ今すぐ病院に見舞いに行こう」「どの病院かわかるか？」「○×病院みたいだ」「それなら、ここから歩いていける距離だな」

そうしたやり取りがあって、皆でその○×病院に向かったんです。

そして受付や看護師さんに、そいつの名前を伝えたのですが。

「そんな患者さん、来てないですよ」

いや、おかしい。はっきりとここの病院名を聞いたはず。一人二人ならまだしも、十一人もいたんだから、勘違いするはずがない。

ただミスした可能性があるとしたら、連絡を受けたやつが聞き間違えたとしか……。

「あれ？　あの話をしてきたの誰だ？」

思い出せないんです。あいつが事故ったってことを、うちらに伝えてきたやつが誰だったのか。まだ三十分くらいしか経ってないのに、皆の記憶からすっぽり抜け落ちているんですよ。

というか、うちらの中に、その本人がいるはずじゃないですか。でも誰も、自分が最初にその情報をしゃべったという心当たりがない。

まったく意味がわかりません。でもとにかく、あいつが事故ったかどうかをまず確認しなくてはいけない。

「いいや、とりあえず家に行こう」

自分が、そう提案しました。

「家、どこだったっけ。俺わかんねえや。誰が知ってるんだっけ?」

ところが、誰も知らないんですよ。そいつの家。遊びに行ったことがないどころか、十一人もいる中に、同じ中学校のやつが一人もいない。

というか、あいつがどの学校の生徒だったのか、わからないんです。

「そういえば、あいつは塾にも来てない組だったよな」

さっきも言いましたけど、グループの中には数人、塾に来てないやつもいました。ふだんはあまり気にしていなかったんですが、考えてみれば、それはそれで誰かと同中《おなちゅう》のはずなんです。そうじゃなきゃ人間関係が繋がらないですから。

あれ? あれ? ってバカみたいに、皆が顔を見合わせました。

冷静に整理していくうち、どんどん、これっておかしいよねって空気になっていったんです。

「あいつ、最初は誰の紹介で、このグループに入ってきたんだっけ?」

もちろん顔と名前はわかる。でも家も学校も連絡先もわからない。

そいつが今日、車に轢かれて病院に運ばれたという。でも、誰が誰に、その連絡をしてきたかもわからない。

そういえば、あいつと一緒に遊んだのはいつが最後だったのか。それすらも、よく思い出せない。

後日、全員で手分けして、あいつの名前を、各学校の級友たちに聞いて回りました。でも収穫ゼロ。そこまで広げても、誰も心当たりすらなかったんです。

その時も、今も、あいつが誰だったのか、さっぱりわかりません。

でも確実に言えるのは、ただ一つ。

この日を境にして、誰もあいつと会っていないし、あの時以降、なんの連絡も来なかった、ということです。


「これ、警察に言ってもかけあってくれないだろうから、僕たちの中で無かったことにしておこう」

全員で話し合って、そう決めました。

その直後から高校での新生活ですし、皆も気持ちを切り替えやすかったんでしょうね。

高校に入ってからもグループで会ったりはしてましたが、そいつの話は一度も出てきませんでした。

そいつの写真も、見つかりませんでした。皆で色々とスマホで撮影していたはずなのに、そいつだけ画像の中にいないんですよ。

実はもう、今では顔さえもだんだん忘れていってます。あれから六年も経ってるから仕方ないのかもしれませんが。

この前、地元に帰った時、駅前で塾友だちとばったり会って、あいつの話になったんですよ。

「あれ、結局なんだったんだろうなあ」

その友だちも、もう顔はほとんど思い出せないと言っていました。

ただ、それをキッカケにして、自分もあいつのことを思い出しまして。吉田さんに話すため、もう一度グループのやつらに連絡とってみたんです。

でもやっぱり、全員が忘れちゃってますね。

まだ、存在したことは覚えていますよ。性格はすごく友好的で、人と関わるのが大好きだった感じとかも。

でも一緒にいた時に話したこと、遊んでいたことのエピソードも、高校一年生の時くらいまではハッキリ覚えていたのに、今では自分もグループの仲間も、どんどん忘れてしまっています。

現在でも覚えていることですか？

なんだろう……確か、よくゲームの話をしたかなあ、って気はします。

そうだ！　あと、あれだ。

あいつ、めちゃめちゃ身体能力が高かったんですよ。気がついたら、どうやってそこ上ったの？　ってくらいに凄《すご》く高いところにいたりして。例えば、吉見百穴《よしみひゃくあな》。地元の有名な観光地ですよね。あそこに、岩窟《がんくつ》ホテルってあるんですよ。ああ、やっぱり吉田さんはご存じでしたか。

崖を掘ってつくった、洞窟みたいなホテルの跡地です。現地に行ったなら知ってるでしょうけど、もう廃墟なので立入禁止で、誰も入れないですよね。

ところが、うちらが吉見百穴の駐車場で遊んでたら、いきなり上から声がしたんですよ。で、見上げたら、あいつが立ってるんです。

岩窟ホテルの、上の階のベランダに、です。こう、鉄柵に肘《ひじ》ついて、こっちを見下ろしてるんです。

そもそも敷地内は立ち入り禁止だし、なんとか入れたとしても、崖みたいな岩肌をのぼらないと無理でしょう。

さっきまで自分たちと一緒にいたのに、いつのまに、どうやってそんな場所に行けたのか。驚いて訊ねてみても、あいつ、上からニヤニヤしながら、こう言っただけでした。

「遅いよ」

そういえば、あいつ、やけに古いものが好きでした。

なんか、レコードを集めてたんですよ。うちらはもうCDですら古い世代なのに。それも美空ひばりとか、昔の歌謡曲。ＡＫＢとか最近の曲は、ぜんぜん聴いてなかったですね。

なんか老け顔で、石原裕次郎をもうちょっと優しくした感じです。今風のイケメンというよりは、昔のダンディな感じ。ファッションも古めかしいというか、横縞《よこじま》のワイシャツで襟《えり》を立ててたりとか、ライダースジャケットを着こんでたりとか。

全体的に、昔の人っぽいやつでしたねえ。

で、これはグループ全員の意見なんですが。

もしあいつが、ずっと昔に死んだ人だったとして。それが自分たちと一緒に遊んでいたっていうのなら、それはそれでいいから、真相を知りたいんですよ。

幽霊だろうと人間だろうと、あいつのことを知っている誰かが連絡してくれないか。吉田さんのおかげで、そういう人が見つかったらいいんですが……。

名前。そうだ、まだ名前を伝えてなかったですよね。

荻原直樹。

それが名前です。漢字もこのままです。
誰か、彼を知っている人が出てきてくれたら嬉しいです。
今の自分にはもう、荻原直樹について語ろうとしても、これが精一杯です。
もう少し歳をとったら、あいつのこと、完全に忘れてしまうんじゃないかという。
なんだか、そんな気がするんですよ。

古民家カフェ

テレビ関係者のSさんから教えてもらった情報になる。

体験者はSさんではなく、フリーで働いているベテランの音声スタッフ。ここでは「音声さん」と呼ぶことにしよう。

音声さんがとある番組のロケに同行した時のことだという。

現在も続いている人気番組なので、タイトルは伏せておく。ロケ内容は、山陰地方の某県にある、古民家カフェの取材。

定年退職後、港町に佇む古民家をリノベーションして、夢だった自分たちのカフェを経営している……。そんな初老の夫婦に密着し、店内や食事メニュー、彼らの人生観などをインタビューする。

これだけ説明すれば、おおよそどのような内容か把握してもらえるだろう。

冬の、寒い季節だった。

店に入る前に、浜辺から日本海の景色などをあれこれ撮っておく。山陰の冬の、冷たくはりつめた曇り空の下の銀世界。その中でむつまじく働く老夫婦を描けば、いっそう温もりのある演出が伝わるだろう。

さて、野外撮影を終えて、いよいよカフェにお邪魔する。

うち捨てられた古民家を転用したとはいえ、もちろん店内は、清潔でおしゃれで居心地の良いスペースが広がっている。

ただ一点、ひどく嫌な感じのするポイントがあった。

物置部屋、なのだろうか。母屋《おもや》の端の、目立たない場所に、そこだけ改装されていない薄汚れた木戸がある。

しかもその戸の上は、薄いベニヤ板がはりつけられ、封印されているのだ。

「ああ、そこは開けないように言われてるものですから」

老夫婦が答えた。なぜ閉めたままにしておくかの理由は知らない。とにかく開けてはいけないことになっているし、自分たちも開けたくないというのだ。

――「開かずの間」ってことだよな……

スタッフたちはひそひそと囁《ささや》きあった。

確かに、その木戸の裏から滲《にじ》み出る嫌な気配は、音声さんのみならず、カメラマンやスタッフ全員も感じているようだった。

「いや、でも開けてみましょうよ！」

ただ一人、若手のディレクターだけが、執拗《しつよう》に封印を解くよう、老夫婦に要求した。

「開かずの間って、すごく興味あります。もちろんこちらで元に戻しておきますから！」

特に深い理由はないだろう。テレビディレクターという人種は、録れ高がいかに多くあるか、ということばかり気にするものだ。開けてみてなにもなければそれはそれでよし、という軽いノリだったに違いない。

「ほら、古道具とか出たらオークションに出せるじゃないですか！」

そんな風に、しつこく老夫婦を説得している最中のこと。

——あれっ？

音声さんのイヤホンに、妙な雑音が入りだした。助手の向けるガンマイクを見れば、その先は開かずの間の木戸の方へと向かっている。

——なんだ、このノイズ。いや、ノイズというか、なんか聞き覚えがある音みたいだけど……。

ちらり、とカメラマンを見れば、そちらも顔をしかめながら、耳につけたイヤホンを押さえている。

——あっちも、なにか聞こえているのか？

カメラマン自体は、木戸のすぐ前で待機している。おそらく彼のつけたイヤホンは、カメラマイクから出力された音声を出しているはずだ。こちらが聞いている雑音を、より明確に拾っているのだろうか。

音声さんがそう思っているうち、カメラマンがイラついたような声をあげた。

「あのさあ、収録メディアの余裕もないし、まだ撮るものもあるから、ここは回さなくていいんじゃない？」

開かずの間から離れるように、ディレクターを説得したのである。

「ああ……まあじゃあ」

ディレクターもしぶしぶ承諾し、そのまま撮影は続けられた。

さて、東京に帰った翌日である。音声さんのもとに、ディレクターからえらい剣幕のクレーム電話がかかってきた。

「音、録れてないよ！」

「は？　そんなはずないでしょ。現場でチェックしてるんだから」

とにかくスタジオに来いというので向かってみると、編集機材の前でディレクターが仁王立ちして待っていた。

「いいから聞いてください！」

そう言って再生したのは、撮影の終盤あたり。浜辺でのインタビューにて、老夫婦に「今後の夢は？」などと訊ねている場面だ。

しかしヘッドホンからは、彼らの声が聞こえてこない。画面ではきちんと二人が口を動かしてしゃべっているのに。

いや、正確に言えば、声は録れている。しかしそれをかき消すほどの大音量が響き渡っているのだ。

蟬《せみ》の声だった。

おそろしく激しい、真夏の森の中に入らなければ録れないような、数限りない蟬たちの鳴き声だ。それが夫婦の声に覆いかぶさって、なにも聞こえなくさせてしまっているのだ。

「これ、どうすんの？　なあ、なんだよこれ？」

ディレクターも混乱しているようだ。冷静に考えれば、まったく不可思議だからである。

例えば、老夫婦の声が非常に小さく、波の音だけが大きく録音されたとすれば、人為的なミスでも起こりうるだろう。しかし冬の海での蟬の声という、「無い音」が録れることはありえない。

結局、技術会社の責任者が謝罪する運びとなった。インタビューシーンだけであれば、もう一度出向いてそこだけ撮り直しをお願いすれば、なんとかなるかもしれない。

ただ、音声さんは、そのロケ一回きりの仕事だったので、その後どうしたかの顛末には関知していなかった。

五年後、当時のカメラマンと、短時間だけ再会する機会があった。

「結局、あの回、放送したんですかね？」

なにげなく、そう訊ねてみたところ。

「まるごと、お蔵入りになったよ」

ぶっきらぼうな答え方だったので、それ以上の追及はやめておいた。

インタビューシーン以外にも、なにかの問題が起きたのだろうか。そういえば、遠くからガンマイクで拾った音も、蝉の声に似ていたような気もする。

そしてあの時、カメラマンが慌てるようにして開かずの間の撮影を拒んだのは、どうしてだったのだろうか。

彼は木戸の向こうに、なんの音を聞いたのだろうか？

――といったエピソードを聞いた時、Sさんはあることを思い出した。

「放送作家の吉村智樹《よしむらともき》さんも、似たような怪談を語っていたんです。とある撮影クルーが古民家カフェの撮影に行って、開かずの間を開けたら嫌なものがあって……。それで、お蔵入りになったというエピソードでしたね」

具体的な内容については、YouTubeチャンネル『松原タニシのおちゅーんLIVE!』内の「【笑えない話】古民家カフェの真実：おちゅーん名場面集23」にて公開されているので、そちらを視聴してもらいたい。

ただし吉村氏の話では「若い夫婦」となっており、ロケーションもやや異なるので、まったく別口の体験談なのだろう。

また、動画内にて吉村氏が語っていることだが。

古民家カフェにまつわる怪談は、巷《ちまた》に「なんぼでもある」らしい。

焦げ臭さ

「先日、近所に買い物に出た際に、少し焦げ臭いにおいがしました」

サリコから私宛てに、そんなメッセージが届いた。

彼女はこれまで、幾つかの怪談を提供してくれている。前作『怪の残滓』でも「伝言メモ」と題した体験談を採用させてもらった。

「その時は十月に近隣で大きな火災があり、解体中だったので、そこから漂ってきたのかな？　くらいに思っていました」

商店街にて四棟が焼け、一人が死亡する火災事故だった。それだけ大きく延焼したのだから、まだ「焦げ臭さ」くらいは残っているのかもしれない。その時は、特にそれ以上気にすることはなかった。


しかし翌日である。

病院へ定期検診に出かけたサリコは、とある非常事態に出くわしてしまったのだ。

多数の死者を出した、大規模なビル火災だ。もちろん彼女が現場で巻き込まれたわけではない。しかし自分のいる病院が現場のすぐ近くだったため、被害者が次々と搬送され、上空では報道ヘリが飛び交っていたそうだ。

とんでもないことが起きた。そう思いつつ帰宅すると、今度は家の中がやけに焦げ臭い。

「ねえ、なにかが焦げてない？」

家人にそう尋ねてみるも、「全然なにもにおわないよ」との返事。しかしなにかが焼けきったような、煤《すす》のような独特のにおいが室内に充満しており、いつまでたってもおさまらない。

しかもその「焦げ臭さ」は、家の中をあちこち移動しているようだった。

念のため、近所にある十月の火災現場跡地にも行ってみた。そこから自宅まで「焦げ臭さ」が漂ってきているのか確認するためだ。

しかし、商店街の焼け跡はすでに更地となっており、なんの異臭も発してはいない。

……このところ、火災現場の付近に出くわすことが続いたから、変に過敏になっているのかもしれない……。

とはいえ、においの他にはなんの異変もなかったため、とりたてて大騒ぎせず、なんとかやり過ごそうとした。

十日ほどすると、ようやくその「焦げ臭さ」がおさまった。

ああよかった、と思った矢先。

当日のうちに、また別の種類の「焦げ臭さ」が漂ってきたのである。しかも今度は、前よりずっと強烈に。

ふと気がつけば、消防車のサイレンが鳴っている。その唸《うな》るような音はどんどん近づいてきて、耳をつんざくほどの大きさになったところで、パタリと止んだ。

また火災が起きたのだ。

冬のよく晴れた空高くまで、燃えさかる火があがっていた。木造家屋が多い地区だったため、周囲数軒が延焼してしまった。幸い、死者も怪我人も出なかったのだが。

十月の火災現場からは、二百メートルほどの近さである。

火が消し止められ、近隣の空気からはなんのにおいもしなくなった。しかしサリコが家に帰ると、やはり宅内を「焦げ臭さ」があちこち漂っている。

当日だけでなく、次の日になっても、まだ。

「私の気のせいかも知れませんが、とりあえず焦げ臭いにおいが家からしなくなるまで、お線香と供養花をお供えしようかと思います」

この連続する偶然に不気味さを感じたため、私宛てにメッセージを出してくれたのだという。

そういえば、とメッセージのやり取りをするうちに気がついた。

以前に発表した彼女の体験談「伝言メモ」でも、サリコがバスの中で「焦げ臭さ」を感じるくだりがあった。

エピソード全体の中ではささやかなディテールだったので、私の方ではなんら強調せず書き流してしまったのだが……。

これまで自分自身でも気づいていなかったものの、彼女の周りでなにか異変が起こるたび、「焦げ臭さ」を嗅ぎとってしまう共通点があるのではないか？

私が、そんな質問をぶつけてみたところ。

「そういえば……」

サリコはなにか思い当たるふしがあるようだった。

「私が子どもの頃、家が全焼してるんです」

隣家のストーブが出火原因の、貰い火だったという。五棟が全焼した大火事だったこともあり、新聞記事にも載り、地上波のニュースでも流された。

火元の家族は少し離れた町へと引っ越したが、結局は一家離散したと聞いている。

火災発生が平日の昼だったので、人が出払っていたことも幸いし、死者は出なかったようだ。

ただ、サリコだけは危うく命を落とすところだった。

その日たまたま、彼女は風邪をひいて学校を休んでおり、ずっと自室の布団に寝込んでいたからだ。

それでも不幸中の幸いといおうか、火災の発生時だけは目を覚ましていた。

そのため、家の中に漂ってきた「焦げ臭さ」を感じ取ることができたのだ。

とっさに起きて部屋を飛び出すと、すでに煙と炎はこちらの屋内にまで侵入してきていた。まさに間一髪で助かったものの、もし熟睡していたら、そのまま死んでいたはずだった。

「私自身は火で危険な目にあったのは一度だけなので。偶然かな、とは思ってるのですが」

もちろん、それらをただの偶然として捉えることもできる。

ただ、ここまで「焦げ臭さ」の偶然が連なること自体が、すでに怪異と呼べるとは思うのだが。

母の願い

同居している祖母が亡くなった時、カコさんはとっさにこう思ったそうだ。

——お母さんが、連れていったんだ

小学生ながら、それは確信に近いものだった。

数年前、カコさん親子は父方の祖母と一緒に住み始めた。二世帯住宅ではなく、完全な同居である。

母はその後の数年間、姑《しゅうとめ》である祖母との関係に苦しんでいた。具体的にどのような家族関係があったかの詳細は、まだ幼かったカコさんにはわからない。

しかし母が何度も何度も、自分に向かって熱っぽく語っていた約束は、今でもはっきり憶えている。

「わたしが死ぬ時は絶対に、あの人も連れていくから。あんたは安心しなさい。あんたは大丈夫よ」

その他にも、母がたびたび口にしていたセリフは次の二つ。

「お母さんのお母さん、つまりあんたのおばあちゃんは、昔から動物の霊が視えていたのよ」

「人を呪わば穴二つ。呪った方にも呪いは返ってくるからね」

しかし子どものカコさんが、そうした母の言葉を本気で聞いていたわけではない。母の家系の女性たちは、よく浮世離れした言葉を口にする人々だったからだ。

当時は、母親も父方の祖母も、まだ持病一つなく健康体だった。そして仮にどちらかが死ぬとすれば、祖母の方が先に決まっている。

それに「連れていく」なんて、どういうことか？　無理心中でもする気なのだろうか？　あんなに冷めきった関係の母と祖母が？　ばかばかしい。

だが、しかし。

母は、祖母よりも先に亡くなった。

首吊り自殺だった。

そして祖母もまた亡くなった。

母が自殺した数時間後に、自分の家の嫁が亡くなったことを知らぬまま急死した。

その時、母の自殺を知っていたのは、警察と病院を除けば、父親とカコさんの二人だけだった。母がこのような死に方をしてしまったと、どうやって他の人々に伝えようか相談していた、まさにその時である。

家にいた祖母の息が止まった。一緒にいたものの証言によれば、いきなり両目を剥いて、ひたすら上を指さしたまま、声も出せずに事切れたのだという。

親族の誰もそうとは指摘しなかったが、誰もが心の中で思っていたはずだ。

――あの姑は、自殺した嫁に連れていかれたのだ。

――それも、なんらかの禍々《まがまが》しい呪いによるもので。

小学生のカコさんですら思っていたことなのに、親族の大人たちは全員、ずっと口をつぐみ続けていた。しかし、彼らがそのように考えているのでなければ、二人の死後、親族たちがとった行動に説明がつかないのだ。

なぜ、この家には祖母を含めて家人それぞれの仏壇がつくられているのに、母の仏壇だけが無いのか。

どうして母の遺影どころか、スナップ写真一枚すら置かれていないのか。

「お母さんが、おばあちゃんを連れていったんだね」

ようやく父親が、たった一言だけ、そうつぶやいてきたのは、つい最近のことである。

十五年も経った今になって、なぜ父が沈黙を破ったのか。

それはおそらく、カコさんが結婚により、家を出ていくことになったからだろう。

そのタイミングで、長年の心のつかえが、不意に父から漏れてしまったのだろう。

「私の地元は大変田舎で、個人の特定が容易《たやす》いことなど、いろいろと考えてしまい、私から吉田さんにメッセージをしたにもかかわらず躊躇《ちゅうちょ》しておりました」

取材中もカコさんはずっと、自ら語ろうとする気配を見せなかった。上記の、それほど多くない情報を得るだけでも、五日間にわたるやり取りを要したほどだ。

「正直申しますといざ、お返事を頂き、話しても良い。となると怖いといいますか、足がすくむような気もしております」

それでも、誰か第三者に吐き出したいとの気持ちから、大きな覚悟をもって、以上の告白をしてくれたのだという。

カコさんの母がたびたび口にしていた、「自分の母親は動物霊が視えていた」「人を呪わば穴二つ」「自分が死んだら姑を連れていく」という三つのキーワード。そして父方の親戚がとった、亡きカコさんの母を忌《い》むような行動。

読者諸氏は、ここから幾つかの想定を引き出すこともできるだろう。私としても色々と掘り下げたい部分は残っているのだが、今回については、これ以上の追及を遠慮した。

また個人情報に関する部分も、他の話より大幅に改変していることを言い添えておく。

山の上の神社

レイコさんの出身は福島県。近所にある母方の実家は、家の歴史も古く、広大な土地を所有する地主なのだという。

その家では昔から、一つの山を所有しており、山頂には神社がある。レイコさんの先祖が建立したもので、現在も当家が管理している。夏には祭りも催されるというから、村の鎮守なのかもしれない。

「今でもなんだかよくわからない儀式をしてますね。あ、宗教ではないですけどね！」

現在は新宿に住んでいるレイコさんの元にも、いまだに毎年同じ時期に「紙のヒトガタ」が封筒で送られてくるので「とある作業をしてから送り返す」という風習が続いているのだという。

「自分の名前を書いて、ヒトガタに息を吹きかけて、また同じ封筒に入れて送り返します。そうすると、本家の家長の叔母が代表で神社に持っていき、なにかしらの儀式をしてくれるみたいです！」

「お盆に帰省すると、いつも長い廊下に謎の瓶が置いてあって、〝触るな〟〝開けるな〟と書いてあるんです。なに入ってるのか知らないけど、なんかムカつくんですよね。でも、ぜんぜん宗教とかではないんですけどね！」

それも立派な宗教・信仰だとは思うが、まあ、怪しげな新興宗教と一緒にしてくれるなということだろう。

さて、レイコさんには、山の上の神社にまつわる幾つかの思い出があるという。

幼い頃、その家に寝泊まりしていると、きまって夜中、祖父に外へと連れていかれた。

そして庭の中でも、例の山を望む方向に並んで立つと。

「あの光、見えるだろう？　あれは狐火《きつねび》っていうんだ」

黒々とした山のあちこちに、オレンジ色の明かりが揺らいでいた。

明らかに炎に見えるそれは、山の木々より上に浮かんでいるようで、まったく自由に上下左右へ移動していた。もちろんその山には、スキー場やキャンプ場などはいっさいない。

とはいえ祖父の口調からは、特別なものを見せられているという迫力を感じなかった。

虹が出たよ、流れ星が落ちたね、といった程度の気軽さだったのだ。

だからレイコさんも、山の狐火というものが、いたって普通に存在するものなのだと、中学校に上がるまで信じていたのだという。

もう一つの思い出は、近所の子どもたちに起きた出来事である。

レイコさんの家の近くには、小さい頃から遊んでいる幼馴染《おさななじみ》が二人いた。それぞれ男子と女子だが、お互いについてはまったく面識がない。当の二人同士は小学校も違うし、顔を合わせたこともなく、それぞれレイコさんと遊ぶことがあるという関係性だった。

そんな二人のうち、女子の方と、例の山で遊んでいた時だ。

せっかくだから山頂の神社に行こう、と言い出し、二人で山を登っていった。子どもの足でも大した距離ではないので、すぐに石段の上の鳥居が見えてくる。

そこで突然、友人は悲鳴をあげて立ちすくんだ。怯えた顔をして、こちらを見つめてくる。

「大きな、すごく大きな猫の骨が、鳥居の上にかぶさっている」

しかしレイコさんが見上げる鳥居には、なんの異変もない。どう反応すればいいのか、きょろきょろと顔を動かしていると、

「あ、こっちに来る」

とだけ言い残し、一人で走って帰ってしまったのだという。

「嘘ばっか言ってよ～、と、その時は思ったんですけど……」

半年ほど経った頃。今度は男子の方と、彼の弟を加えて、同じ神社で遊ぶ機会があった。

小学生ながら、すでに不良少年の兆《きざ》しが見える兄弟だった。つまり横柄《おうへい》で暴力的で、いつも大きな態度をとっている二人だったのだ。

しかしその日に限っては、どちらもおどおどした様子で、やけにおとなしい。そのうち境内《けいだい》の隅にひっこんで、ヒソヒソと兄弟で囁きあうようになった。

なにかと思って近寄ってみると、彼らが助けを求めるように、こう言った。

「鳥居の上に、でっかい猫の骨みたいなやつがいる」

えっ、と声が出た。半年前の記憶がよみがえった。慌てて、いったいどんな見た目をしているのか細かく訊ねようとしたところ。

「ヤバい。おりた。近寄ってくる」

兄弟は、鳥居の反対方向へ逃げてしまったのである。

「まあ、それだけと言えばそれだけなんですが……」

今になって思えば、二人にはおかしな共通点があった。

「どっちの家も、めちゃくちゃな数の動物を飼っていたんです」

犬猫はもちろん、兎その他の様々なペットたちを所有していた。それも数匹というレベルではない。十四か二十四か、おそらく彼らの家族も把握していなかったろう。エサやり、衛生などの環境は劣悪で、死んでいく個体も続出していたようだ。

近年いうところの「多頭飼育崩壊」である。

「まだペットとして珍しかったプレイリードッグが脱走した時なんかは、地元でちょっとした騒ぎになりましたけど」

当時はまだ「多頭飼育崩壊」を問題視する目もゆるく、田舎の広い敷地なので近隣トラブルにもなりにくかった。

また奇妙なことに、どちらの家も、動物を飼い始めるのは父親だった。そしてどちらの父親も、子どもたちの育児まで放棄する人間だった。

動物を持ってくる時だけ帰宅し、それ以外は家に寄り付かない。他の家族は自分たちが選んだペットではないから、大して世話をしない。

どちらの父親も、まるで生き物にとって地獄のようなサイクルをつくるため、せっせと動いているようだった。

狐火と、巨大な猫の骨。それがどう関係してくるのかは、レイコさんにもまったくわからない。

そしてこの山の上の神社には、いったいどのような由来があるのか。また母方の家族は、いったいどのような神事を行っているのか。

色々と気になるところだが、それもこれも、レイコさんからの今後の報告待ちである。

見つめる

これから紹介する幾つかの怪談について、私は少し悩んでいる。

はたして、取材した出来事をどの範囲まで語っていいのか、どのあたりの情報なら公開できて、どこをカット（もしくは改変）すべきなのか。

「もうけっこう時間が経ってるんだから、全部発表してもいいんじゃないですか？」

体験者および情報提供者であるタカマサさんはそう言ってくれるし、私もなるべく具体的な詳細を記したい欲求はある。

少なくとも、それらの怪談現場が新宿「歌舞伎町」――地元民は「カブキ」と呼ぶ――であることを隠してしまっては、話として成立しない。また当事者たちの状況についても詳しく書かなければ、彼らの行動が意味不明になってしまう。

もちろんプライバシー侵害はしないが、おそらく当時の関係者が読めば、「誰」が「どこ」で体験したものか、おおよその見当はついてしまう内容になるだろう。

これは平にお願いしたいのだが。

もし「誰」が「どこ」で体験したことなのかが推察できたとしても、当事者への追及は控えていただきたい。これから登場する人物たちの誰も、背任や犯罪にあたる行為をしているわけではないのだから。

＊

タカマサさんは、歌舞伎町でビルのオーナー業をしている。幾つかのビルを所有していることから、不動産関係はもとより、水商売や暴力団や警察にも知人が多い。

「カブキについては、たくさんのライターさんが色々書いてますけど。この街の根っこの部分までたどり着けている人は少ないですね」

だから怖い話は山ほどあるし、その中には「怪談」に類するエピソードも数多いという。

そんなタカマサさんが私に連絡をとってくれたのは、つい最近のこと。

彼の持ちビルの一室に招かれ、まさに「そこ」で見聞きした、次のような体験談を語ってくれたのである。

もう五年ほど前のことだ。

タカマサさんのもとに、新宿署の生活安全課から一件の依頼があった。

こちらのビルに、録画型防犯カメラを設置したいのだという。

目的は、道路をはさんだ向かいのビルを監視するため。こちらの七階・外階段にカメラを設置し、ひたすら録画し続けるとのこと。向かい側のビルについては、外階段の周辺しか撮影できないのだが、六階部分の出入りの確認が目的らしい。

期間は一ヶ月。なかなかの長期捜査だ。

「私にも、なんの捜査だかは教えてくれませんでした。まあ生安なので、どこかの店でボッタクリか違法賭博をやってたんでしょう」

ちなみに警察の捜査協力はなかなか面倒くさい。カメラを動かさないよう、雨でも故障しないよう気をつけねばいけないし、電源供給と電気代についても、基本的にはこちらの持ち出しとなる。

しかし警部補と巡査部長の熱意に負けて、タカマサさんは設置を許可したそうだ。

さて、一ヶ月である。

捜査が終了し、担当者が防犯カメラを撤去しにやってきた。といっても上司である警部補の姿はなく、先日に来た巡査部長のX氏と、初顔合わせとなるもう一人の巡査部長という二人組だった。

「ありがとうございます。多分これで逮捕までいけます」

カメラは首尾よく機能したらしく、先方は上機嫌だった。上司がいないことも作用していただろう。タカマサさんと新顔の巡査部長とのあいだで、ややフランクな会話がはずんだ。

「ありがとうございました。つまらない物ですが、どうぞ」

「ゴディバのチョコレートって。警察もけっこう安く捜査するんですね」

「いやあ、申し訳ない」

冗談を交えつつ笑っていたのだが、ふともう一人の方、カメラ設置を依頼しに来たX氏へと目が向いた。

いちおう同僚の後ろで笑顔をつくっているのだが、いやに表情が硬い。というより、病気かと思うほどに顔色が悪い。ちらちらと気にしているうち、X氏は「申し訳ないですけれど……」と低姿勢ながら、奇妙な質問を投げかけてきた。

「向かいのビルは、建ってから何年かご存じでしょうか?」

「空き室はいくつあるか、知っていますか?」

「あそこのビルに、誰かお知り合いはいますか? どんな人が住んでいるか、もしおわかりになるようなら……」

なぜそんなことを聞くのか、とタカマサさんは訝しんだ。テナントで入っている店舗の犯罪捜査なのは間違いない。だとしたら、ビルの築年数や、他の利用者のことなどいっさい関係ないはずだ。

ましてや、一階と地下は居酒屋、上階は小さな飲み屋ばかりが入っている商業ビルだ。居住者がいるとしても、オーナーの親族くらいだろう。

「え？　なに一つわかりませんけど、それが今回の事件とどういう？」

「あ、いや、すいません、ちょっと気になったもので」

この人だけ様子が変だなと思っているうち、二人は大げさなほどのお辞儀をし、カメラを入れたバックを抱えて帰っていった。

それが午前十一時ごろのこと。タカマサさんはそのまま事務所で作業を続けた後、夜の二十時過ぎに、帰宅するためエレベーターに乗り込んだ。

一階に到着し、扉が開いた瞬間、ぎくりと体がこわばった。

出入り口のところに、あの巡査部長のX氏が立っているではないか。

こちらを視認したところで、X氏は青ざめた顔を、床につくのではないかというほど深く下げた。もはや、自分が待ち伏せされていたのは間違いない。

「あれ、この近所でまた別の捜査ですか？」

わざとカマをかけてみたところ、X氏は意を決したような声を返してきた。

「防犯カメラの件で少しだけお時間よろしいでしょうか?」

「え? 捜査は終わったんじゃ」

「捜査とは関係ありません」

「……はい?」

「ありえない話なんですが、聞いてもらえますか?」


エレベーター前で会話を続けるわけにもいかない。また事務所まで引き返し、X氏の告白を聞くことにした。

「カメラは、こちらのビルの上の方に設置し、捜査対象の六階フロアを狙ってましたよね。だからその画角には、上下階も入っていたんですが……」

問題はですね、とX氏はつばを飲み込んだ。

「七階に……子どもが映っていたんです」

そこでタカマサさんは、思わず笑ってしまった。無意識のうちに、そうとう緊張しつつ耳を傾けていたのだろう。予想外の平凡な内容に、心がゆるんだのである。

「そりゃ、カブキにだって子どもくらいいますよ!」

「真夜中ですよ。様子も普通じゃない」

「近所の子じゃないですか？　まあ虐待だったら困るけど……普通じゃないって、血だらけとか？」

「違います。でも普通じゃありません」

「光ってるとか？　出たり消えたりするとか？　そんなの、逆に私が見てみたいですよ」

笑って軽口をたたくタカマサさんを、X氏はニコリともせずに冷静に見つめ返した。

「捜査に関係しない部分なので、オリジナルは私が削除済みです。もしあったとしても、捜査資料を部外者に見せることはできません」

「うん……当たり前でしょ……」

はじめは冗談めかしていたタカマサさんも、次第に相手の暗いムードにひきずられていった。大の大人が、それも警察官があまりに真剣な顔を突きつけてくるので、さすがに真面目に聞かねばと姿勢が正されていったのである。

ここ一ヶ月というもの、防犯カメラの解析、必要証拠の抽出は、基本的にX氏が一人で行っていたそうだ。

カメラとノートパソコンを繋ぎ、Ｗ-ｉＦｉを使ってライブ録画を新宿署に送信。そうして送られてくる映像を、毎日ほぼリアルタイムで確認し続けていた。

そこから犯行に関わる場面を絞ってピックアップ。わかりやすく編集してまとめてから、上に報告する流れなのだという。

タカマサさんも防犯カメラを扱う仕事なので、そうした作業内容は理解していた。

「だからそれは事件と関係ない、私しか見ていない映像のコマなんですが……」

X氏は話しだした。

深夜二時になると、小さな子どもがビルの外階段を駆けあがってくるのだという。そして七階までたどりつくと、数分ほどぼうっと立ちつくした後、今度は外階段を駆けおりていく。

「小学三年生くらいの男の子、です」

「まあ、変ですね……。恰好とかは?」

「はい……黄色いプラスチックみたいな、小学校のスクールハットを頭に。私が小学生の時と同じ帽子をかぶってるんですよ。それに青い雨合羽《あまがっぱ》を着て、ランドセルも背負っています」

「え〜、なんじゃそりゃ」

「ええ……毎回、必ず、同じ格好です。その、着ている合羽なんですが……画像を停止して、詳しく見てみたんです」

確かにあのカメラは、かなり高性能の新型製品だった。服装や顔なども、事細かにチェックすることができるだろう。

「それで?」

「合羽にはキャラクターがプリントされておりまして……仮面ライダーの」

「別にいいでしょ。小学生なんだから、それは」

「ただ、プリントされているライダーが〝スーパーワン〟なんです」

X氏は〝スーパーワン〟という単語を、上ずった声で、小さく叫ぶように発した。

「私は子どものころ、たまたまビデオで見ていたので、すぐにわかったというか……大きなハーレーに乗った、銀色の仮面ライダーです」

「自分は知らないけど、古い感じなんですね」

「はい……一九八〇年ぴったりくらいの放送です。そのライダーの銀色も、あちこち剥げているんです。まるで何十年も経っているみたいに」

このあたりから、タカマサさんの背筋にも寒気が走りだした。話しているのは新宿署の現役の生安だ。その人が捜査終了後、わざわざこんな——仮面ライダー・スーパーワンの銀色が剥げていたなどという——情報を告げるため、仕事帰りにやって来た。

おそらくなにか、のっぴきならない状況になっている。それがありありと察せられたのだ。

「捜査目的のための絵は、初めの十日で十分な証拠を集められていたんです。なので、後は念のための確認に過ぎなかったのですが」

「男の子ってのは、毎日映ってたの？」

「いえ、週に一度くらいです」

「じゃあ考え過ぎでは？」

「正直、私も初めは意識していませんでした。捜査対象物が同じ深夜だったので、たまたま二度、見かけただけです。ただ目的物が早く達成できたので、興味本位で、少年の方もチェックしてみようかなと、その程度の気持ちでした。もちろん事件性があるといけないとの気持ちも働きましたが」

「でもまあ……ちょっとは変だけど、そこまで異様な話でもないし、たまたまそんな子がいたんじゃない？」

「三週目から、カメラに気づいて手を振ってきました」

「え、嘘」

　思わずそう口にしたタカマサさんだが、もちろん相手が嘘などついていないことは明白だった。

「ライブで？　それとも録画の見直しで？」

「録画の見直しです。はっきりと、こちらに向かって、手を振っていたんです。陽気に呼びかける感じではありません。なぜなら」

男の子は、泣いていたのだ。ぐしゃぐしゃに顔をゆがませて号泣しながら、必死に大きく、カメラへ手を振っていたのだという。

「それが先週です。そして、昨日が最終日でした。さきほど回収したパソコンから、深夜の録画データを移し、署で確認しました」

X氏の顔は、昼間よりもずっと青白くなり、唇と手足が小刻みに震えていた。

「現れていました。やはり号泣していました。泣きながら訴えていました」

「は？　訴え？　ってなに？　ちょっと怖いんすけど」

「すみません。口の動きを何度か見て、それがわかりました」

「で？　なんて言ってたの？　音声もあるの？」

「音声はありますが、その子の声は聞こえませんでした。車や風や、酔っ払いの騒ぎ声は録れていたのですが」

「……口の動きは？　なんて？」

X氏は、男の子のマネでもするかのように、口を何度も、ぱくぱくと大きく開いた。

『みてー』

『きてー』

　そのどちらかだという。

「手の振り方がこちらに向かって、ぶんぶん手招きするような動作だったので、おそらく『きてー』です。必死に泣きながら、向こう側に来てくれと頼んでいるんですね」

「ちょっと待ってよ。それ事件性あるかもじゃないですか？」

「今までは階段をあがってきて、すぐに階段をおりていなくなったんですが、昨日のそれは、その場でゆっくり薄くなって、消えていったんです」

「……」

「すみません……」

「で、なんで自分にこの話を？」

「誰にも話せませんでした。正直、三週目の休日に、例のビルに一人で訪れたこともありました。何も起こりませんでしたが。こんなこと人に言えますか？」

「いや、俺に言ってんじゃんよ」

「正直、最終日の映像を見るまではオーナーさんにも誰にも言わないでおこうと考えていました。責任ある仕事なのに、私の頭がおかしくなったと思われたくなかったのです。

後々困ったことになります。しかし男の子の合羽を拡大して見た時点から、背筋に今まで感じたことのない寒気を感じて、なぜかこれは幽霊だと確信したんです……バカみたいな話ですけど……」

自分一人の心にしまうのが辛くて、どうしても誰かに聞いてほしかった。そして告白できる人間はタカマサさんしかいなかった、というのだ。

タカマサさんは職業柄、人の相談に乗るケースが多い。だからこの時もつとめて明るく、「人間だれでもそんな経験の一つや二つはあるよ」「そんなこと言い出したらお坊さんはどうすんねん」などとX氏を励ましていった。

そうするうち、相手も最後には笑みを浮かべて、

「聞いていただいて、信じていただいて、本当にありがとうございました。今後も頑張ります」

と言い残し、帰っていったそうだ。

この巡査部長は、その後も何度か道で会ったし、タカマサさんのビルの防犯カメラの映像を調査しに来たこともあった。

「一年後あたりに、昇進して西東京の方に異動したと他の署員から聞いて。真面目に頑張ってたんだな、よかったなあ、と思いました」

*

詳細な体験談を語り終えた後、タカマサさんは私をビルの外階段へ案内してくれた。

カメラとノートパソコンを置いていたポイントである。もちろん、向かい側のビルはそこから目視でもよく見える。近所に住む私にとっては、何百回も前を通り過ぎているビルだ。

「それからもう何年も、たまにここに出ては向こうのビルを眺めるんですよね。例の男の子がいないかなあ、って。でもまだ一度も見たことはありませんね」

「見たい見たいと願っていると、逆に見られないものですよ。私がそうですから」

昼間の歌舞伎町の、穏やかですらある風景を眼下に望みながら、私は答えた。

「Xさんは絶対に見たくなかったから、見てしまったんですよ」

それにおそらく……と、私はいつもの悪い癖で、自分の勝手な解釈をたれ始めた。

「あのビルは関係ないんじゃないかな？　場所のせいではなく、Xさんに原因があるんでしょう」

「そうですよねえ」

タカマサさんは、意外なほど素直に頷いた。

「自分の小学生時代と、同じスクール・ハットをかぶっていた……ってのもそうだし」

なにより、「スーパーワン」などというマニア以外は憶えてないような仮面ライダーが登場してくることがおかしい。これがドラえもんやピカチュウなら、特に注意すべきことではないだろう。

しかし考えてもみてほしい。「スーパーワン」というマイナーなキャラクターを知っている人が、たまたま「スーパーワンの雨合羽」を着た男の子を見るなどという偶然が、ありえるだろうか？

X氏と男の子には、なんらかの繋がりが予想される。X氏自身にも、おぼろげな心当たりはあったのではないだろうか。だからこそ、思いつめるほどの恐怖に震えていたのではないだろうか。

「おそらく、その男の子。こちらのビルのカメラに向かって叫んでたんじゃなくて……」

動画を見つめるX氏に気づいて、必死に手を振り、泣きじゃくりながら、呼びかけていたのだろう。

来てー　来てー

オレンジのやつ　1

タカマサさんはビルオーナーなので、歌舞伎町で懇意にしている不動産屋がある。

その会社もまた、歌舞伎町にて幾つかのビル物件を管理している。そうした関係性から、カブキのビルにまつわる奇妙な噂ばなしの数々が共有されていくのだ。

その中でひときわ印象深かったエピソードを、これから紹介する。


一九九九年のこと。

とあるキャバレーの店長が、いきなり消息不明となった。明らかに借金苦からの夜逃げであり、いわゆる「飛んだ」というやつだ。

店長が借主でもあったので不利益には違いないが、保証金もあるため、オーナーも管理会社も大して慌てはしなかった。店長不在のまま営業しつつ、店員たちは一ヶ月かけてゆるゆるといなくなっていった。

完全閉店となったのは年末近くだった。「修繕は来年に持ちこそう」と社長が判断し、二ヶ月間ほど、キャバレーの内装のまま放ったらかしにされた。

とはいえメンテナンスはしておかないと、建物が傷む。ドアや窓を開けて空気を入れ替えたり、水道から水を出しておく作業が必要なのだ。

ところが、その担当者となった若手社員が、

「あそこには、行きたくありません」

とゴネだすようになってしまった。

「だって、おばけが出るんですよ」

作業の手順としては、まず店の外にあるブレーカーを入れ、水やガスの元栓を開けてから、店内に入っていく。そして真っ暗な中、電気のスイッチを探っていくのだが。

「いつもそのタイミングで、後ろから肩を掴まれるんです」

跳びはねて逃げ、なんとか照明をつけても、店内には誰もいない。しかしまた別の日に訪れると、いつも決まったように、暗闇の店内にいる誰かが、彼の肩をガッシリ掴んでくるというのだ。

「それだけなら、まだ我慢してたんですけど……」

この前は、ついに「出た」。

キャバレーの壁には数点の絵がかけられており、閉店後もそのままになっている。その

中に、オレンジ色の長い髪をした、外国人女性の肖像画があった。社員たちも全員知っている、昔からずっと飾られていた絵画だ。

「その絵の女が、飛び出してきたんですよ！」

暗闇の中、ガラケーの明かりを向けたところに、絵画と同じオレンジ色の髪の女が立っていて、にやあっと笑いかけてきたというのだ。

「おめえ、シャブやってんのか？」

番頭役の上司があきれ顔で、そう返した。

「いや、本当ですって……これ、女が映ってはいないんですけど……」

何度か体験を重ねるうち、若手社員も「証拠映像」を撮っておこうとした。携帯電話のカメラにて、動画を撮影してきたというのだ。

とはいえ当時のガラケーなので、暗い室内を手持ちで撮ってもお粗末な画質にしかならず、ほとんどなにも判別できない。

ガサゴソという衣擦《きぬず》れと歩行音。それがしばらく続いた後、「うわあああ！」と若手社員の悲鳴が轟く。絵の女を見たか、肩を掴まれたタイミングなのだろうか。

しばらく乱暴にカメラが振られ、ガタガタと荒っぽい音がした後、室内の照明がつく。

カメラが勢いよく左右に振られるが、特に異常はない。

つまり、なんの「証拠映像」にもなってはいないのだが……確かに社員のパニック感は伝わってくる。演技などできそうもない彼が、実際になにかを見たり触られたりしたのは確かなのだろう。

「だから、もう行きたくないんですけど……」

とはいえ上司の方も、はいそうですか、と納得するわけにはいかない。

「うるせえ！　仕事だろ！　おばけが出ようがなにしようが、行け！」

そう怒鳴りつけたのだが、よほどの恐怖だったのか、素直に従おうとしない。このままでは埒《らち》があかないので、上司も一緒についていくことにした。

翌日、真っ暗闇の店内に二人で入っていく。

「ほら、別に大丈夫じゃねえか。気にしすぎるから、いちいち敏感になるんだよ」

どちらの身にもなにも起きないまま、照明のスイッチへとたどりついた。

パチン、と明かりがつき、店内の様子が一望された。

「んん？　どの絵だっけ？　お前が言ってたやつ……」

言い終わらないうちに、上司も異変に気がついた。

その絵は、ある。正確に言えば、額縁とキャンバスは、いつもの場所にかかっている。しかし絵の中の女だけが、いなくなっているのだ。キャンバスに描かれているのは、モノトーンの背景のみ。

「え？　ん？　あれだよな。オレンジの髪の女が」

と、そこで背後の方から、かん高い音がした。

――ピュウゥーーーーイ
口笛だ。

とっさに振り向くと、店のソファに、オレンジの髪の女が座っていた。

いや、ちがう。絵の女ではない。

男だ。

鮮やかなオレンジ色のおかっぱ頭、白粉《おしろい》をべったり塗った化粧。真っ白い顔の下は、これまた真っ白い全身タイツを着ており、体はがりがりに痩《や》せている。

前衛芸術のダンサーのような出で立ちだが、顔立ちはまったくもって日本人の中年男である。

そいつがソファに足を組んで座り、にやにやと笑いながら、

――ピュウゥーーーーイ
もう一度、口笛を吹いた。

社員二人は、悲鳴をあげてドアの外へと飛び出した。

しかし廊下に出たところで、すぐに正気をとり戻す。

「あいつ、なにしてんだ。不法侵入だろ」

すぐに踵《きびす》を返し、店内に乗り込んだところ、男の姿は消えていた。

他に出入り口はないにもかかわらず、だ。

その代わり、オレンジの髪の女が、また絵の中に戻っていたのだという。

オレンジのやつ　2

「そんなわけないやん！」

先ほどの話を不動産屋から聞いた時、タカマサさんは大笑いした。

いやいや、信じてもらえないかもしれないけど本当にあったことなんですよ、と社員たちは口を揃えて証言する。

このことはビルオーナーの耳にも伝わったそうだ。するとオーナーの意向で、さっそくお祓いを執り行う手筈となった。

遠方から有名な神社の神主を呼び、かなり大がかりな清めの儀式が行われたそうだ。

しかしその翌日である。オーナーから管理会社に電話がかかってきた。

「お清めの水がない」

コップになみなみと入っていたはずの水が、すっかり消え去っている。蒸発したとは考え難いし、誰も出入りできないのだから、こぼすはずがない。ネズミが倒したとも考えにくい。コップは立ったままだし、周りが濡れてなどいないのだ。そしてなにより。

「コップの縁に、唇の跡がある。誰かが飲んだんだ」

恐れをなしたオーナーは、もう一度お祓いを依頼した。

しかしその翌日、またコップの水がなくなっていた。縁にはやはり、人の唇の跡がくっきり残されている。

これはもう、他の方法をとらなければならない。そう判断したオーナーは、自ら清掃業者やリサイクル業者を手配し、店内のものをあらいざらい処分した。

その過程で、例のオレンジの髪の女の絵も、どこかの業者が持ち去っていった。

すると頻発していた怪事はぱたりと止み、無事に別のテナントを入れることができたそうである。


それから二年ほど経った、とある深夜。

タカマサさんは、歌舞伎町に開店したばかりの「桃太郎」にて、友人と寿司をつまんでいた。

隣の席には三十代ほどの男性が座っており、カウンターなのでその会話が漏れ聞こえてくる。するとどうも、例のビルで商売しているらしい内容が伝わってきたのである。

「こんばんは〜」

酒の勢いも手伝って、タカマサさんはその男性に声をかけてみることにした。

「あそこのビルで、お店やられてるんですか？」

「そうなんですよ。そろそろ一年経ちますね」

男性はにこやかに返答する。

「あの～、つかぬこと聞きますが、ビルでなんか変なこと起きないですか？」

「起きませんよ。え、なんでですか？」

男性の笑顔が少しだけくもった。

「いやいや、深い意味はないです」

「怖い人が出入りしてるとか……ですか？」

「それ、ボクの見た目からいってるでしょ？　完全に一般人ですから、ボク」

そうじゃなくて……と、タカマサさんはどう説明すべきか頭をひねった。

「……あ、そうだ、水。水系で、なんか起きたりしません？」

――バン！

と、男性がやおら立ち上がり、椅子が大きな音をたてて後ろへずれた。

カウンター内の寿司職人たちが、いっせいにこちらへ視線を向けた。

「……なんで知ってるんですか」

青ざめた顔でこちらを見下ろし、男性がつぶやいた。

「え？　いやいや、雨漏りとか？」

「なんで知ってるんですか」

「……すいません、なんですか。なにが起きてるんですか」

男性は座りなおし、ぽつぽつと事情を説明し始めた。

「水道です。なぜか知らないけど、私が出勤すると、いつも調理場の蛇口が全開になっているんです……」

もちろん毎日、しっかり点検して帰るようにしている。最初は若手スタッフのミスかと思っていたので、いちいち叱りつけていたのだが、誰もまったく心当たりがないと断言してくる。

確かに二度や三度ならともかく、ここまで毎日のように連続してとなると、誰かの人為的ミスだとは考えられない。さすがに不審に思い、最近は確実に閉まっているのを確認してから、戸締まりをするようにしていた。

店長である自分が出勤するまで、絶対に誰一人として出入りしているはずはないのだが。

「昨日もですよ。私が店の扉を開けたら」

ジャアジャアジャアジャア……と、盛大な水音が鳴り響いていたというのだ。

「なんで水がおかしいって知ってるんですか。なにかあるんですか、あのビル」

男性が詰め寄ってきたが、タカマサさんは苦笑しつつ、一切なにも知らないフリを続けるしかなかった。

……いまだに飲んでるやん、水……。

心の中で、そうつぶやきながら。

オレンジのやつ　3

そこからまた二年ほどが経った、二〇〇三年のことである。

タカマサさんは、「見つめる」に出てきた建物とはまた別に、歌舞伎町内にてもう一棟のビルを所有している。先述のキャバレーがあったビルと、同じ通り沿いに位置する物件だ。

当時のタカマサさんは、その一階にて喫茶店を経営していた。

なぜか霊感のある客がよく集う店で、「幽霊が見える」と騒がれることがたびたび起こっていたという。

「とはいえカブキで商売してれば、『まあ幽霊くらいいるでしょうね』ってもんですから。こっちはなんにも気にしてなかったんですけど」

ただし一度だけ、そんなタカマサさんでも背筋を寒くした出来事が、同ビル内で起こった。

ある日の閉店後である。

タカマサさんが店内で帳簿付けをしていると、上階がどやどやと騒がしくなった。なにごとかと思っているうち、従業員の若者たちが三人、店内に駆けこんできた。

それも全員が青ざめた顔で、なにやら怯えきっているではないか。

「オーナー、ちょっと聞いてください……今さっき、皆で見たことなんですけど……」

彼らは先ほどまで、ビルの屋上にいた。そこにはプレハブ小屋が設置されていて、従業員たちの待機所として使用されている。

終業後、彼らはそこでトランプ賭博をして遊んでいたらしい。

種目はオイチョカブである。カーペット敷きの床に、トランプの絵札以外の札をすべて並べていかなくてはならない。

しかしゲームが始まって三十分ほど経った頃だろうか。突然、札が床にきちんと置けなくなってしまったのだという。

床に並べられていくうち、幾つかの札が、ぱあっと風で流されてしまうのだ。

「おい、エアコン停めてよ」

プレハブながら設置してあるエアコンを停止してみるも、やはり上手くいかない。最初のうちはいいのだが、札やチップがわりのマッチ棒が並び、ゲームが白熱していくと、

――ぱあっ

と風が吹き、札もマッチ棒も流されてしまう。

「なんだこれ！　窓は閉めてるよな」

その言葉で、三人はいっせいに振り向いた。床に座っているので、斜め上の窓の位置を見上げるかたちとなった。

真冬のことである。まさか開けっ放しにしているはずもない、と思っていたのだが。

いつのまにか、窓ガラスが三分の一ほど開かれていた。

その間から、一人の男が、頭を室内にねじこんでいた。

そして男は下の方に向かって、ふう、ふう、と思いきり息を吹きかけていたのだ。スタッフたちには目もくれず、ひたすら札やマッチ棒を動かそうと、ふう、ふう、唇をとがらせて。

そして、その顔は――

「オレンジのおかっぱ髪で、真っ白く化粧した、がりがりに痩せた中年男でした」

慌ててプレハブ小屋を飛び出したが、屋上には誰の姿もなかったのだという。

「絶対に部外者が入れるところじゃないですから。ボクもそん時はサブイボたちましたわ。まだいるやん！　こっちにも来てるやん！　オレンジのやつ……って」

もしかしたら、その男はまだカブキの街をうろつき、あちこちのビルに出没しているのかもしれない。「オレンジのやつ」が目撃された事例も、他に沢山あるのかもしれない。

べつだん危害を加えてくるわけではないので、大きな話題とならずに記憶の隅にしまわれてしまう。しかし語る機会さえあれば、自分も「オレンジのやつ」を見た、あるいはその話を聞いたというカブキ住民は、意外と大勢いるのではないだろうか。

そう、タカマサさんのように。

「いやあ、本当に誰もかれも『オレンジ』っていうんですよ。ふつう、髪の色を表現するのに出てこない色ですよね」

しかし皆が口を揃えて断言する。茶髪でも赤でも黄でもなく、はっきりオレンジの髪だったのだ、と。

「だからとにかく、そうとう『オレンジ』なんでしょうねえ。『オレンジ』以外の、なにものでもない髪の色をしているんでしょうな」

添い寝

これもまた、タカマサさんが歌舞伎町で聞き及んだ話。

カブキにも出入りのある暴力団・X組の周りで、一九九〇年代に起きた出来事である。

事件後、組員の一人が「内密にしてくれよ」と打ち明けてきたエピソードらしい。

「もう三十年近く経っているので、その約束も時効でしょう」

そう判断したタカマサさんが、私に伝えてくれた怪談である。


ある時、X組にて、一人の男を預かる流れとなった。

X組長の兄弟分にあたるY組の、組長の息子だ。

この男を、仮にシロウと呼んでおこう。

Y組は地方のテキ屋組織だ。そこでは組長の長男が若頭を務めていたのだが、それと次男のシロウが揉めてしまった。つまり任侠用語としても実際の血縁としても、二重の意味での「兄弟喧嘩」である。

そこで、あまり事態を荒だてないよう、いったんシロウを東京へ避難させ、X組の預かりとする取り決めとなった。とはいえ引き受けたX組の方でも、彼をお荷物だとは感じなかったそうだ。

なにしろシロウは男前で、三十代くらいだがすっかり人間ができている。物腰柔らかで頭もいい。

遠慮しているせいもあるだろうが、他の若い衆より率先して事務所の掃除をする。車を洗い、ガソリンを入れるのもポケットマネーからだ。果ては、組のトラブルを黙って解決してきたりもする。

そんなに気を使わないように、と組長たちが釘を刺すのだが、いつも畏《かしこ》まっているばかりで我を張らない。

「居させてもらっているので、これくらいは……」

おそらくY組の兄弟喧嘩も、長男の若頭の方に問題があったのだろう。実際、シロウがこちらに来たため、Y組の方でやりくりが上手くいかず困っているようだ。

先方から、早くも仲直りの方策を打診してくるなど、雪解けムードが濃厚となっていた。

「まあ、こういうのは頃合いをきちっと見定めた方がいい。もう少しだけ預かりだな」

そう判断したX組長だったが、となると気になることがある。

「そういや、気づかないで悪かったな。シロウはどこで寝泊まりしてるんだ？」

「はい、弟夫婦のところに泊まらせてもらってます」

シロウの下にも、三兄弟の末っ子がいるそうだ。その三男だけはカタギの医者となっており、妻と息子と練馬区のマンションに住んでいる。

「甥っ子の部屋を貸してもらっているので、自分は大丈夫ですから」

「いやいや、そういうわけにもいかないだろう。こっちで預かっているのになんの世話もしていない、なんて評判がたっても困るしな」

終始遠慮するシロウを半ば説き伏せるようにして、X組の手配できる物件を、さっそく彼へあてがった。ちょうど空き室となっていた、都心の高級マンションである。

ただ、この引っ越し直後から、シロウの様子がおかしくなった。

せっかくの転居先に、いつまで経っても帰ろうとしないのだ。

夜中になってもずっと事務所に居続ける。なんやかやと用事を見つけてはこなしながら、結局、朝まで残ってしまう。

翌日も、その翌日も。シロウはずっと事務所から帰らなかった。たまに睡眠をとる時も、若い衆のいる大部屋で横になるだけだ。

「そんなことしなくていいから。もう帰って休め」

その夜、彼の奇妙な行動を知った若頭が、何度もそう注意したのだが。

「いや、今夜は泊まらせてください」

「こっちで用意した家に、なんか不都合でもあるのか？」

「ありません。ここに泊まらせてください」

ふだんの彼と違う、あまりの意固地さに、若頭はつい声を荒げてしまった。

「帰れ、って言ってるだろ！　聞けねえのか！」

「……あの、それでは」

シロウは丁重な、しかし確固たる口ぶりでこう言った。

「カシラの家に、今夜は泊めてもらえませんか？　というか、カシラが、自分と一緒に寝てくれませんか？」

性的な意味ではない、ただ同じ部屋で寝泊まりしてくれればいいのだという。

突然の申し出に、呆気にとられた若頭だったが。

「……は？　いや、なんでだ」

「理由は言えません。今夜だけ、とにかくお願いします」

ダメだと告げれば、「では事務所に泊まります」と埒があかない。

この騒ぎを聞きつけた組長が出てきたのだが、やはり結果は同じ。

「なんで帰らない？」

「理由は言えません。帰れというなら、オジキの家で、オジキが一緒に寝てもらえませんか？」

「お前おかしいぞ。顔色も悪いし……。とにかく帰れ。俺の言うことはさすがに聞くよな？」

「オジキ、今夜だけでいいので、どうしても無理ですか」

「しつこいぞっ！　とにかくダメだ。この事務所から帰れっ」

さすがに組長の言葉には逆らえず、シロウはずっと居続けた事務所を出ていった。その顔には、ひどく落胆した表情を浮かべていたという。

さて、ここまではX組員たちが直接に見聞きしたエピソードだが、以降はまた別視点からの証言となる。

その夜、シロウは例の弟夫婦のマンションを訪れたのだ。なのでここからの描写は、後日、弟夫婦からX組へと伝えられた情報になっていく。

「悪いな。また世話になって」

突然訪れてきたシロウを、弟夫婦は喜んで迎えた。いったん元通りにした子ども部屋も、すぐに荷物をどけさせて、彼のための就寝スペースをつくった。

すっかりシロウになついている息子も「またおじちゃんが来たー」とご機嫌だ。

「うちらは親子三人で寝るから気にしないで。……でも、兄貴、本当にどうしたの？ 具合悪いんじゃないか？」

その時のシロウはもう、見た目からして異様な感じがしていたそうだ。無理やり体温を測らせれば、三十八度を超えている。数日にわたる寝不足もたたり、もはや意識が朦朧《もうろう》としているのが見て取れる。

風邪薬を飲ませ、さっさと眠るように告げたのだが、

「おい、一緒に寝ていいか？」

ここでもまた、例の要求をしてきたのである。

「ええ？ いや、四人もいっぺんに寝られないよ」

「じゃあお前だけでいい。お前、今夜だけは、子ども部屋で俺と一緒に寝てくれないか？」

なぜかの理由は言えない、でもとにかく部屋にいてくれ、誰かがいなければ寝られない、とゴネるばかり。

「ダメならいい。ずっと起きているから、リビングでテレビつけっぱなしにしていいか」

しかしどう見ても、シロウの体は限界を迎えている。そんなことをしたら倒れてしまう

だろう。

妻も息子も加わって、全員で「お願いだから寝てくれ」「いつまでも眠らないわけにいかないだろう」と必死に諭《さと》す。

「……そうか。ごめんな」

ようやく折れたシロウが、がっくりと頭《こうべ》を垂れ、子ども部屋へと入っていったのだった。

「どうしたんだろう……組織でなにか、あったのかな」

兄の挙動があまりに気になった弟は、五分もしないうちに様子を確認することにした。

ノックすらせず、いきなり部屋のドアを開けてみたところ。

シロウはベッドの上で、布団もかけず仰向《あおむ》けになっていた。

「おい！」

思わず叫んで、駆け寄った。その右手に、包丁が握られていたからだ。

体を揺さぶったところで、さらに驚いた。

息をしていない。心臓も動いていない。そして背中の下のシーツには、べったりと大量の血が染みこんでいる。

シロウはすでに、事切れていた。

失血死だったという。

シロウの背中には、二十箇所ほども刃物で刺された跡があった。にもかかわらず、体の前面には、いっさい傷がついておらずきれいなまま。

弟夫婦は五分しか目を離していないし、窓には鍵がかかったまま。つまり密室である。

また鑑識によれば、背中につけられた二十箇所の深手は、右手に握られた包丁によるものので間違いないという。

警察はX組やY組にあらいざらい事情を聞いたが、なんの有力な証拠も出てこなかった。Y組の若頭である長男も、「揉めなければよかった」とひどく後悔していたそうだ。

そして結局、彼の死は「自殺」として処理された。どう考えても、わずか五分間で自分の背中を包丁で二十箇所も深く刺せるはずがないのに、だ。

もちろん、その結論に納得するものなど、誰一人いなかった。

シロウの親族も、ヤクザたちも、そしておそらく警察ですら、彼がなぜ死んだのか、どうやって死んだのか、見当すらつかなかった。

ただし、全員がはっきり、こう思っていた。

シロウ本人は、あの夜、自分が死ぬことを知っていたのだろう、と。

ユウ君の家

タクヤさんには、幼稚園から高校までずっと一緒だった幼馴染がいる。

仮にその友人を、ユウ君としておこう。彼が住む家にまつわる薄暗い記憶が、いまだにタクヤさんの心の中に蹲《うずくま》っているらしい。

それらの記憶の始まりは、幼稚園の頃。新築したてのユウ君の家に招かれ、遊びに行った時の体験だ。

タクヤさんの家は平屋だったので、大きく立派な二階建てが羨ましかったこと、胸を高鳴らせながら急いで階段を上ろうとしたことを、今でも憶えている。

「二階に上がるのはダメ！」

すると背後で、ユウくんの一喝が飛んだ。思わず立ち止まって振り向けば、怒りすらにじんだような表情で、ユウくんがこちらをじっと睨んでいる。

「二階にあるお兄ちゃんたちの部屋に入ると、怒られるから……」

ややトーンを落として、ユウ君は言い訳をした。いつも温厚な彼が、そんな理由で自分を怒鳴りつけてきたのは意外だった。

「……誰にも言ってほしくないんだけど」

こちらの不審そうな視線に耐えられなくなったのか、続けてユウ君は、おそらく本当の理由を告白しだした。

「お兄ちゃんたちの部屋に、おばけ、出るんだって」

だから二階には、行かないで。

そこでユウ君はだまってしまった。タクヤさんもまた、その時はそれ以上の追及をする気にならず、素直に頷いただけだった。


小学校入学後、二人はいったん違うクラスに別れたため、一年ほど疎遠になってしまった。しかし二年生でふたたび同じクラスメイトになり、一緒に登下校するような関係が復活したのである。

ある日の下校中、このところ元気がないユウ君が、ぽつりとこんな告白を漏らした。

「ぼくのお父さん、どっか行っちゃった」

えっ、とだけ声をあげた後、タクヤさんが返答に詰まっていると。

「離婚するかもしれない、ってお母さんが言ってた」

問わず語りに、ユウ君は言葉を続けていった。

「幼稚園の頃、タクちゃんに、うちの家にはおばけが出るんだって話したの覚えてる？　ぼくは見たことないんだけど、二人のお兄ちゃんは、ずっと、今でも、何回も見てるらしくて……」

大工さんのおばけが、二階の窓から入ってくる。

二階の部屋を共有している上の兄たちは、口を揃えてそう言ってくるらしいのだ。自分をからかっているのでないことは、二年以上にわたって本気で怯えている様子から明らかだという。

「家を建てる時、大工さんが二階から落っこちて死んじゃったから。そのせいなんだって」

その後、ユウ君が四年生に上がるタイミングで、彼の両親は離婚してしまった。新築してたった五年足らずの家は売却し、母親と三兄弟は小さな借家へと引っ越した。

離婚理由は、父親がここ四年というものギャンブルと酒に溺れ、ほとんど家に寄りつかなくなったからだという。それまで真面目なサラリーマンだった父親が豹変《ひょうへん》したのは、例の家を購入してすぐのことだった。

――ユウ君のお父さんも、二階のおばけを視ていたんじゃないのかな。

何度か彼の家庭の話を聞くうち、タクヤさんは、そう思うようになっていた。上の兄たちのように打ち明けずにはいるけれど、父親もまた「大工さんのおばけ」を視ていたのではないか。

そのせいで酒に溺れ、家に近寄らず、人間が変わってしまったのではないか……と。

この家にまつわる話は、まだ続く。

小学六年生の頃だった。朝食の席にて、タクヤさんと母親は、朝七時台のテレビ番組を視聴していた。草野仁が司会の、TBS『朝のホットライン』だったはずだ。

番組内には「言わせてください！　おっかさん」といった名称のコーナーがあった。全国の高校を巡り、三十人ほどの生徒を集め、自分の母親に対してふだん言えないことを、生徒たちが思い思いに叫ぶ。そんな内容のコーナーだ。

その日は、地元である盛岡の高校が取り上げられていた。そのため、タクヤさんと母親は、いつもより興味深くブラウン管を見つめていたのだった。

そんな中、ある生徒が、こう叫んだ。

「お母さん！　いつもお家のなんでもないところで転ぶので、いいかげん気をつけてください！」

一緒にテレビを見ていた母親が「あれっ」と声をあげた。

「これ、Aさんの息子だわ」

Aさんとは母の知り合いの女性で、まだ四十歳になったばかりだという。特に病気もしていないし、むしろ溌剌《はつらつ》としたタイプなのだが、意外にドジな一面もあるのねえ……などと、母は語っていた。

また後日、母がAさんと会った際、息子が出演した番組について触れると、

「そうなのよ、私、ほんとに家の中でよく転ぶの！　でも家でだけなのよお」

などと笑っていたそうだ。

それらの出来事も、すっかり忘れていた一年後。

Aさんが死んだことを、母から聞かされた。

「家の廊下で転んで、打ちどころが悪くて亡くなったんだって。ねえ、あんたも去年のテレビに息子さんが出てたの、憶えてるでしょう？　あのとおりになっちゃって……」

しかし四十歳そこそこの人間が、ただ転んだだけで死ぬものだろうか。よほど床が滑りやすいとか、建物ごと傾いているような、危険な家だったのかもしれないが……などと語るうち、母はある事実を思い出したようだった。

「あ、でもあの家ってまだ築十年も経ってないはずよ。だってあそこ、ユウ君のご両親が前に建てた家なんだから」

売却したユウ君の家を購入したのは、偶然にも母の知り合い、Aさんの家族だったのだ。

驚いたタクヤさんが「大工さんの幽霊」について伝えると、母は絶句し、いたたまれない空気となってしまった。

それからタクヤさんの家ではもう二度と、この話題について触れられることはなくなった。


ユウ君の兄弟と母親は、移り住んだ借家に十年ほど住んだ。長屋のようにして四軒の戸建てが並ぶうちの、いちばん奥に位置する家だった。

ユウ君の部屋があったのは、その家の東側。裏には田んぼが広がり、部屋の掃き出し窓の外は、砂利が敷かれた物干しスペースとなっている。

時が経ち、タクヤさんもユウ君も高校生になっていたが、変わらぬ友情を育んでいた。

その夜は、二人してユウ君の部屋にて、スーパーファミコンに興じていたそうだ。

深夜零時を過ぎたあたりで、裏の田んぼの方から音がすることに気がついた。

ザリリッ　ザリッ　ザリリッ……

明らかに、砂利を踏みしめる足音である。こんな時間に、いったい誰が歩いているのか。

そこは盛岡駅から川を渡った南側の、閑散《かんさん》とした地区。今でこそ開発が進み、コンビニや大型店舗が点在しているものの、当時は夜中に歩行者を見かけることなどありえなかった。ましてや足音の方向には、田んぼしかないのだ。

ザリリッ　ザリッ……

砂利の音はまっすぐこちらまで向かってくる。そして掃き出し窓のすぐ向こう側に来たところで、ぴたりと止まった。

大人の男らしきシルエットが、窓に映し出される。それはしばらく仁王立ちのまま佇んで、こちらを覗いていたのだが。

ザリッ、ザリリッ、ザリッ……

一分ほどして、ふたたび裏手へと引き返していった。

男がいるあいだ、じっと押し黙っていたタクヤさんが小声で訊ねた。

「……今の誰?」

「わからない」

ユウ君がぶっきらぼうに答える。

男の向かった方向には、ひたすら田んぼが広がっているばかり。住宅が点在しているのは、ずいぶん離れた区画になる。また、ユウ君宅の隣の家には、誰一人として住んでいないそうだ。

深夜に田んぼの向こうから来て、こちらを仁王立ちで見続けた後、また田んぼしかない暗闇に去っていく。そんな行為をするものが、まともな人間とは思えない。

結局、ユウ君はその奇人についての情報をなにも漏らさなかったが、その代わりとばかりに、次のような言葉をぽつりとつぶやいた。

「この借家、人が死んでるんだって」

「え、また？」

とっさに出た自分の一言に、タクヤさんは気まずく思い口をつぐんだ。しかしユウ君は「うん、また」と苦笑いを浮かべて、

「自殺とかじゃないみたいだけど、死因はわからないんだって」

そのせいかどうか知らないが、先ほど男らしき人影が来た方向からは、色々なものがやってくるのだという。

「まあ夢かもしれないけど。布団に入っていると、よくあの窓からね」

〝老人と子どもの死人の行列〟が、窓ガラスをすり抜けて入ってくる。そして壁沿いに歩き、寝ている自分の足元を通り過ぎると、これまた壁をすり抜けて、隣の部屋へ消えていく。

また、その死人の行列は、ガラスや壁は通過するにもかかわらず、

「途中にあるタンスは四つん這いであがって、四つん這いでおりていくんだよなあ」

当の部屋で聞いていたせいもあり、ユウ君の描写を想像したとたん、背中がゾワリとざ

わめいた。

「それを何度も、何度も見た。もちろん夢かもしれないけど」

ユウ君はそう念を押ししつつも、断言するような口調で言った。

「ただ、老人や子どもの顔は憶えてるんだよ。今でも、はっきり」

そして寝ている自分の足を踏まれた痛みや触覚も、まざまざと感じ取れたのだという。

その借家は、以前に住んでいた新築の家から、それほど離れていなかった。ちょうど仁王立ちの男が来て戻っていった方向、そして死人の行列がやってくる方向の先に、あの家が佇んでいる。

――「大工さんのおばけ」だけじゃ、なかったんだ。

タクヤさんは考えを改めた。ユウ君の家が不幸になったのも、母の友人Aさんが死んだのも、それまでは事故で亡くなった「大工さんのおばけ」にやられたのだと思っていた。しかしその「大工さん」の事故だって、その場所にあるなにかに触れてしまったせいなのかもしれない。

ユウ君の父親が変わってしまったのも、二階で「大工さんのおばけ」を視たから、というだけではないのだろう。

もっともっと恐ろしい、家族にすら相談できないほどひどくおぞましいものを、ユウ君の父は視ていたのではないか。

高校を卒業する直前、生き別れたユウ君の父親が、遺体で発見された。

「酒で体を壊して、どこかの街で野垂れ死にしてたんだって」

醒《さ》めた口調で話していたユウ君の表情が、二十年経った今も忘れられない。

以上が、ユウ君の家にまつわる、タクヤさんの中の薄暗い記憶である。

恐怖実話 怪の遺恨

2022年3月7日　初版第1刷発行

著者……………………………………………………………………… 吉田悠軌
デザイン・DTP ……………………………………………… 荻窪裕司(design clopper)
企画・編集 ………………………………………………………………… StudioDARA

発行人……………………………………………………………………… 後藤明信
発行所……………………………………………………………… 株式会社 竹書房
〒102-0075　東京都千代田区三番町８－１　三番町東急ビル６F
email：info@takeshobo.co.jp
http：//www.takeshobo.co.jp
印刷所……………………………………………………………… 中央精版印刷株式会社